Vorwort

Liebe Leserinnen und Leser,

herzlich willkommen zu diesem unterhaltsamen und wissenswerten Buch über das Unnütze American Football Quiz! Sind Sie bereit, in die faszinierende Welt des American Footballs einzutauchen und dabei gleichzeitig Ihr Wissen auf spielerische Weise zu erweitern? Dann sind Sie hier genau richtig!

American Football ist eine Sportart, die nicht nur mit ihrer Action und Spannung begeistert, sondern auch mit einer Fülle an interessanten Fakten und Anekdoten aufwarten kann. In diesem Buch haben wir eine Sammlung von unnützem Wissen rund um den American Football zusammengestellt, die Ihnen nicht nur ein Schmunzeln aufs Gesicht zaubern wird, sondern auch Ihre Freunde bei zukünftigen Football fernseh Abenden ins Staunen versetzen wird.

Sie werden auf eine unterhaltsame Reise durch die kuriosen, skurrilen und überraschenden Seiten des American Footballs mitgenommen. Von den seltsamsten Spielregeln und Rekorden bis hin zu den verrücktesten Spitznamen und Traditionen

- Sie werden Dinge erfahren, von denen Sie nie geahnt haben, dass sie existieren!

Dieses Buch ist perfekt für alle American Football-Fans, die nicht nur ihr Fachwissen, sondern auch ihren Humor unter Beweis stellen möchten. Ob Sie es alleine lesen, es in geselliger Runde mit Freunden spielen oder einfach nur schmunzelnd in den kurzen Pausen des Alltags darin blättern - dieses Buch bietet Ihnen die Möglichkeit, sich auf spielerische Weise mit der skurrilen Seite des American Footballs auseinanderzusetzen.

Ich hoffe, dass Sie genauso viel Freude beim Lesen und Entdecken dieses unnützen American Football Quizzes haben werden wie wir bei der Zusammenstellung. Lassen Sie sich überraschen, amüsieren und inspirieren!

Ihr

Stefan Krüger

Inhaltsverzeichnis

DIE REKORDE FOOTBALL-QUIZFRAGE 1:

Es gibt unzählige NFL–Stars. Seit der Sport in Deutschland seinen großen Hype erlebt, kennt beinahe jeder, den man fragt mindestens ein Team und/oder einen Spieler aus der NFL. Vor allem der Super Bowl ist auf dem deutschen Markt eingeschlagen wie eine Bombe und hat Spielern wie Tom Brady & Co. auch hierzulande zu Berühmtheit verholfen. Doch es gibt auch Spieler, denen diese Ehre nie zuteil geworden ist. Wie zum Beispiel diesem Kandidaten, der die meisten Spiele in der NFL zu verzeichnen hat, ohne jemals im Super Bowl gestanden zu haben. Von wem ist die Rede?

a) Clay Matthews Junior

b) Cam Newton

c) Gary Anderson

FOOTBALL-QUIZFRAGE 2:

Odell Beckham Junior wurde durch ihn über Nacht zum Megastar. Der One-Handed-Catch ist spätestens seitdem ein Highlight in jedem Spiel. Doch welcher dieser Spieler hat 1967 den ersten One-Handed-Catch in der Geschichte der NFL in einen Touchdown umgewandelt.

a) Randy Moss

b) Jerry Rice

c) Max McGee

FOOTBALL-QUIZFRAGE 3:

Ein Footballspiel dauert offiziell nur 60 Minuten. Doch durch Werbeunterbrechungen, Time–outs, Halbzeiten und viele weitere Unterbrechungen kann sich das Spielende schon einmal eine ganze Weile hinauszögern. Wenn es dann noch in die Verlängerung geht, kann man es sich schon mal gemütlich machen, denn das kann noch eine Weile dauern. Das Spiel der Razorbacks von der Universität Arkansas gegen die Wildcats der Universität Kentucky am 01. November 2003 sollte als längstes Spiel in die Geschichte des Sports eingehen. Wie lange dauerte es?

a) Zwei Verlängerungen – 82 min

b) Sieben Verlängerungen – 296 min

c) Neun Verlängerungen – 360 min

FOOTBALL-QUIZFRAGE 4:

Ben Roethlisberger, auch als „Big Ben" bekannt, war in der NFL gefürchtet für seine langen tiefen Pässe in den letzten Spielzügen. Mit seinen Hail Marys konnte er schon so manches Spiel in letzter Sekunde drehen. Doch welcher dieser Spieler hält in der NFL mit unglaublichen 70,5 Yards den Rekord für den weitesten Hail-Mary-Pass?

a) Patrick Mahomes

b) Dak Prescott

c) Baker Mayfield

FOOTBALL-QUIZFRAGE 5:

Gleich sieben Spieler halten den Rekord für die meisten Touchdown–Pässe in einem Spiel. Unter anderem warfen Peyton Manning und Drew Brees acht Mal an einem Abend erfolgreich in die Endzone. Doch welcher dieser unglücklichen Quarterbacks schaffte es in einem Spiel gleich acht seiner Pässe von Gegenspielern abfangen zu lassen?

a) Michael Vick

b) George Blanda

c) Jim Hardy

FOOTBALL-QUIZFRAGE 6:

Die meisten Rushing Touchdowns in einem Spiel lief 1929 Ernie Nevers für die Chicago Cardinals. Genau 91 Jahre hat es gedauert, bis dieser Rekord 2020 eingestellt werden konnte. Doch welcher Spieler konnte den Rekord von sechs Rushing Touchdowns in einem Spiel einstellen?

a) Ezekiel Elliott

b) Derrick Henry

c) Alvin Kamara

FOOTBALL-QUIZFRAGE 7:

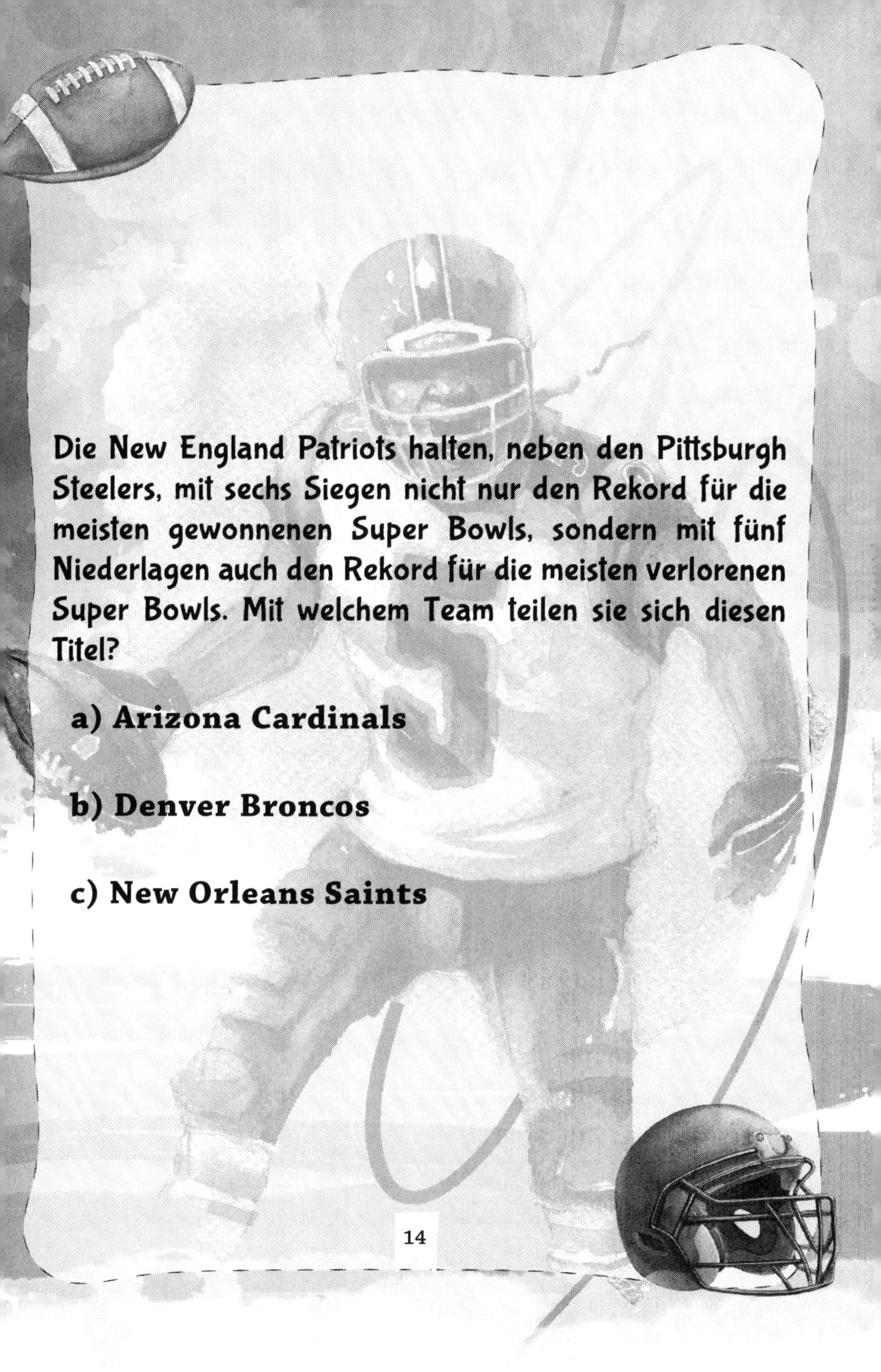

Die New England Patriots halten, neben den Pittsburgh Steelers, mit sechs Siegen nicht nur den Rekord für die meisten gewonnenen Super Bowls, sondern mit fünf Niederlagen auch den Rekord für die meisten verlorenen Super Bowls. Mit welchem Team teilen sie sich diesen Titel?

a) Arizona Cardinals

b) Denver Broncos

c) New Orleans Saints

FOOTBALL-QUIZFRAGE 8:

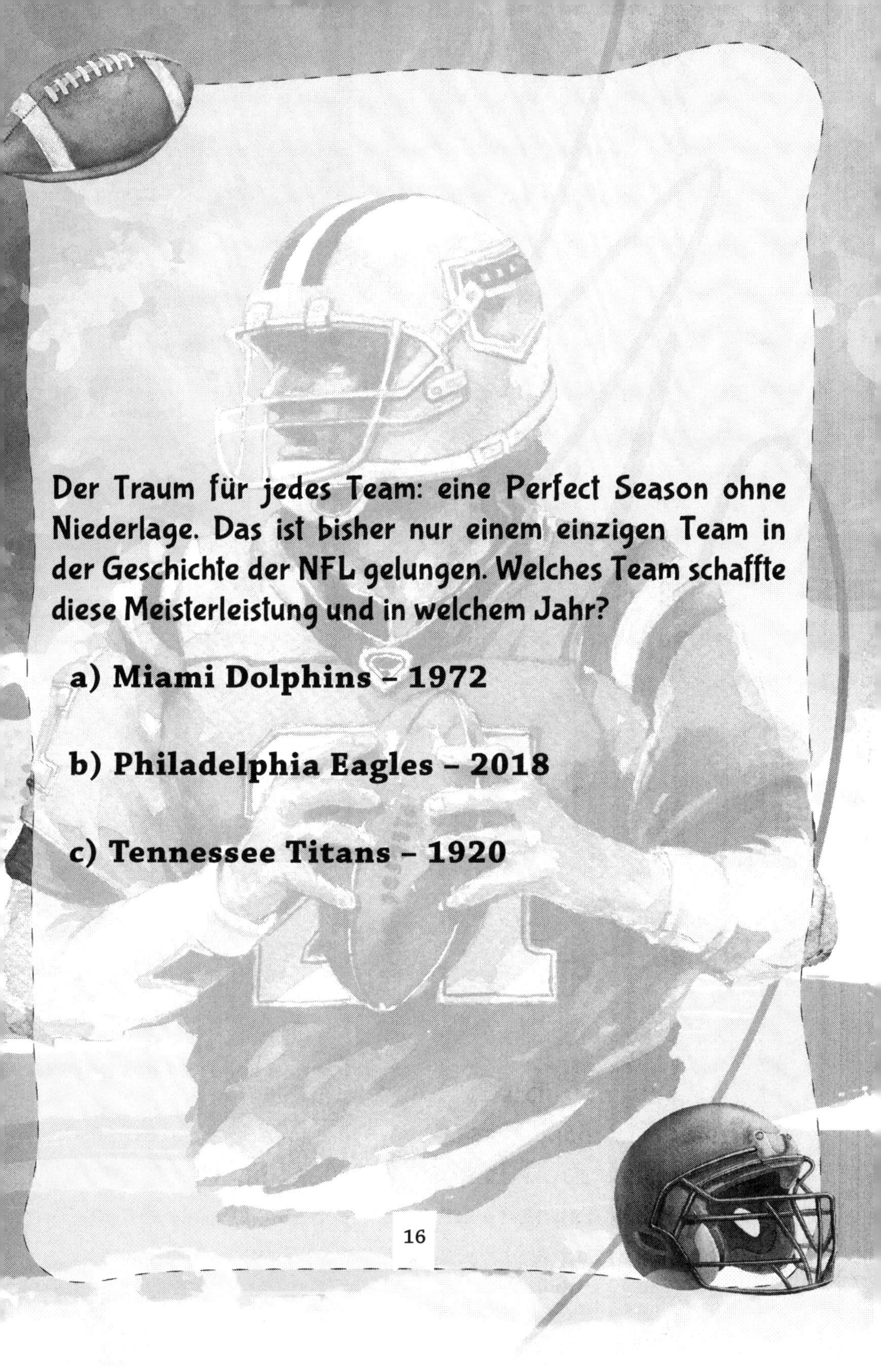

Der Traum für jedes Team: eine Perfect Season ohne Niederlage. Das ist bisher nur einem einzigen Team in der Geschichte der NFL gelungen. Welches Team schaffte diese Meisterleistung und in welchem Jahr?

a) Miami Dolphins – 1972

b) Philadelphia Eagles – 2018

c) Tennessee Titans – 1920

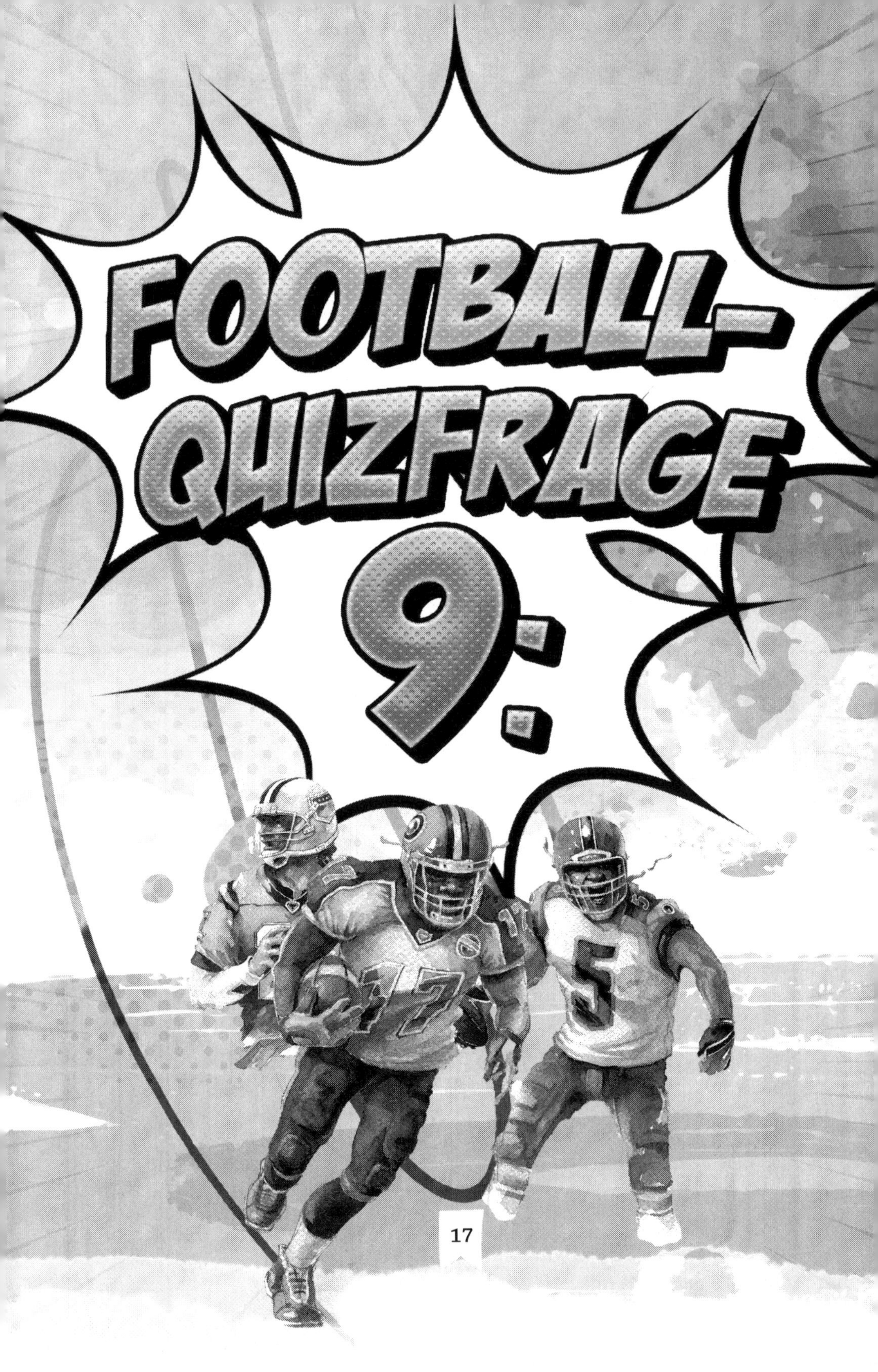
FOOTBALL-
QUIZFRAGE
9:

Nur einem Quarterback ist es bisher gelungen, die unvorstellbare Marke von 100.000 Passing Yards zu knacken. Es wird wahrscheinlich noch Jahrzehnte dauern, bis ihm das jemand nachmacht. Von wem ist die Rede?

a) Drew Brees

b) Brett Favre

c) Tom Brady

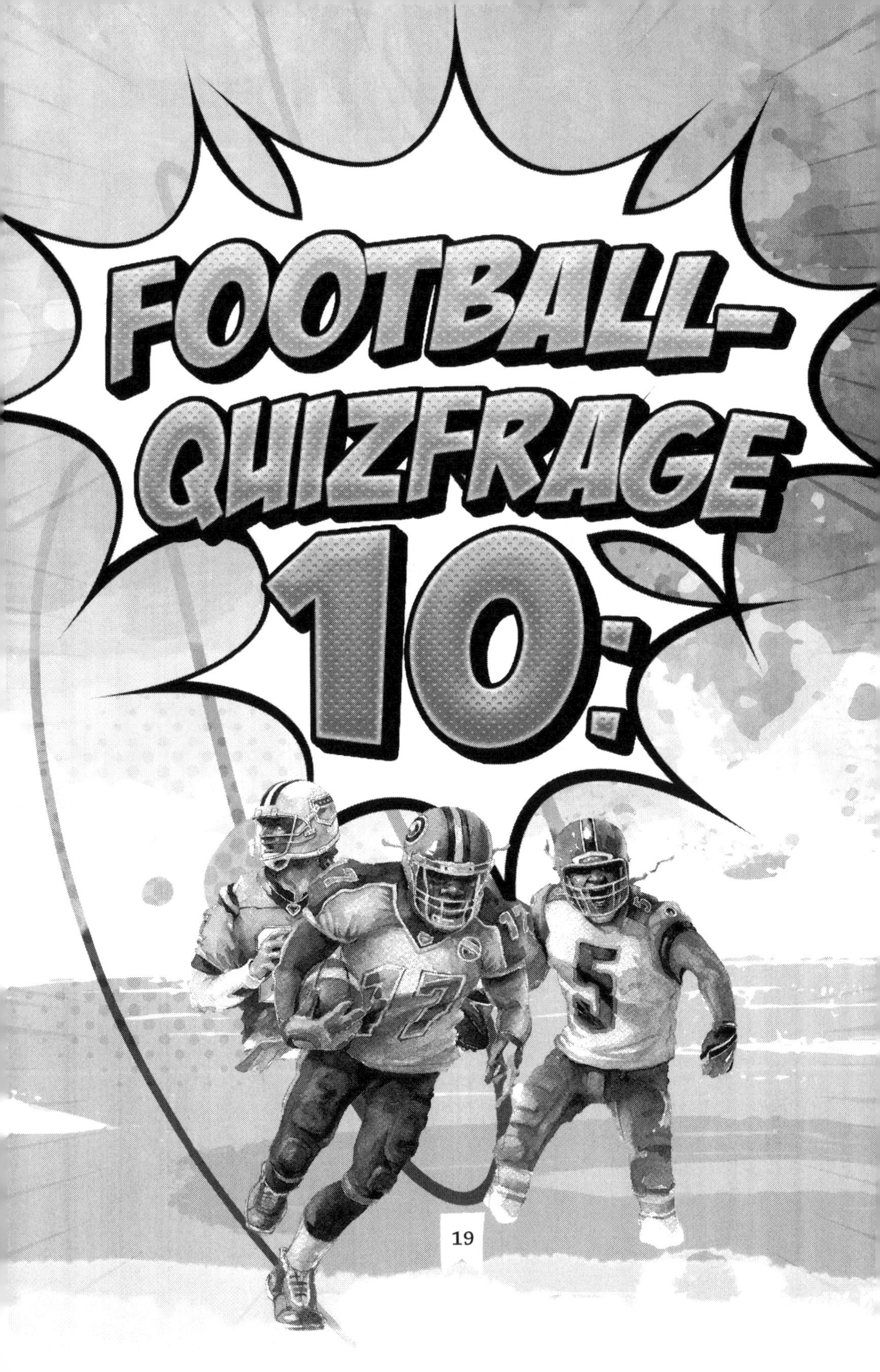
FOOTBALL-
QUIZFRAGE
10:

Ein Rekord, der kaum einzuholen scheint. Na ja, ehrlicherweise legt es auch kein Team darauf an. Gleich 26 Spiele in Folge in der Saison 1976/77 verlor dieses Team und ist damit wohl noch für lange Zeit Rekordhalter in der Kategorie „längste Pleiteserie der NFL". Welches Team ist gemeint?

a) Oakland Raiders

b) Tampa Bay Buccaneers

c) San Diego Chargers

DER SUPER BOWL FOOTBALL-QUIZFRAGE 11:

Vielleicht hat der ein oder andere neugewordene Footballfan bereits mit der Idee geliebäugelt, sich einmal den Super Bowl live vor Ort anzuschauen. Doch diese Idee wird beim Nachschlagen der Ticketpreise so schnell wieder verworfen, wie sie aufgekommen ist. Jedes Jahr werden die Preise höher und höher. 2023 wurden die günstigsten Tickets für 600 EUR nicht einmal zum Verkauf angeboten, sondern nur verlost. Wer sein Glück nicht auf die Probe stellen wollte, musste um einiges tiefer in die Tasche greifen. Wie hoch waren die durchschnittlichen Ticketpreise für den Super Bowl 2023?

a) 5.345 USD

b) 1.998 USD

c) 10.237 USD

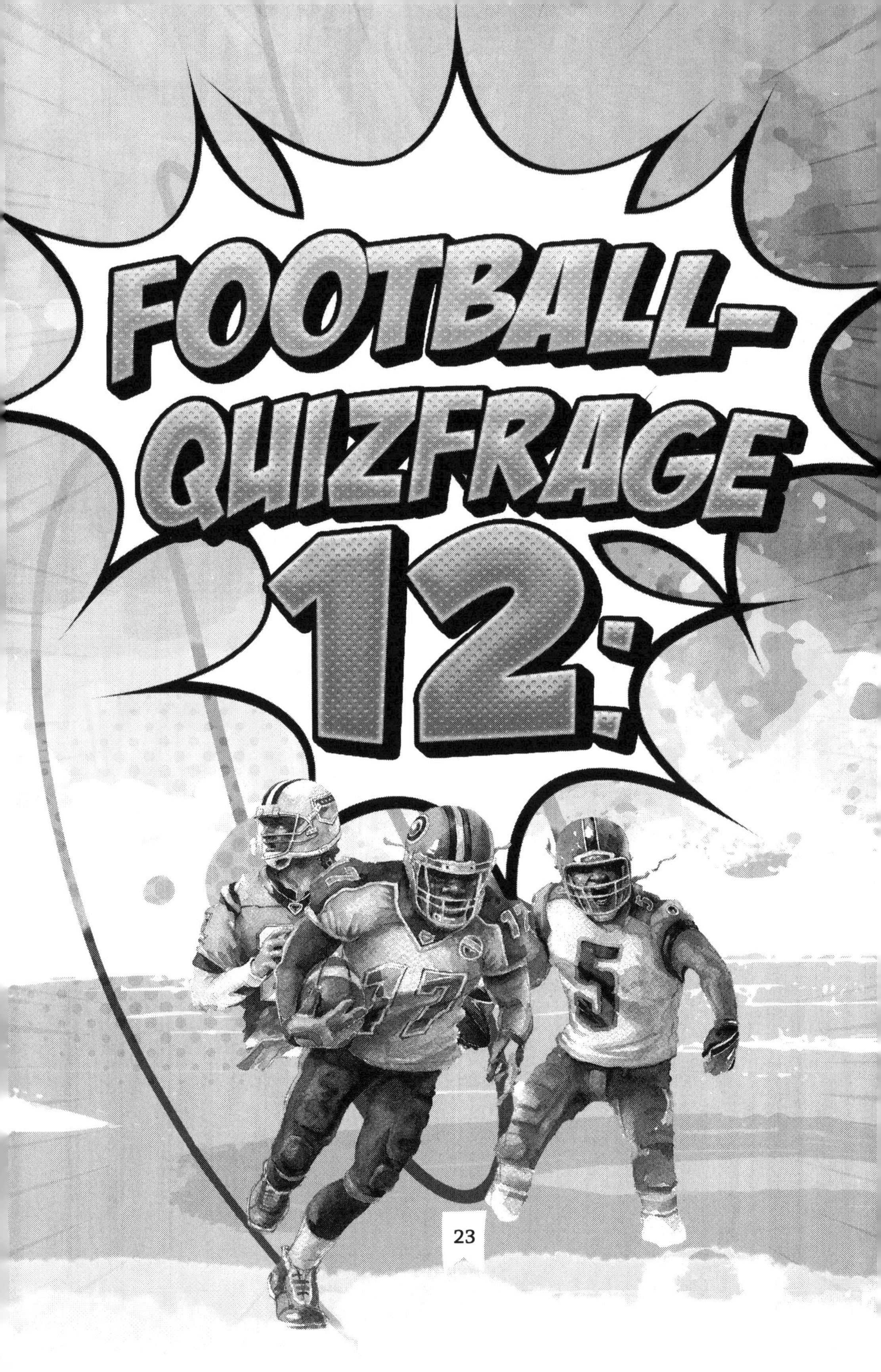
FOOTBALL-
QUIZFRAGE
12:

Etliche Auflagen muss eine Stadt erfüllen, um zum heißbegehrten Austragungsort des Super Bowls zu werden. Kostenlose Golfplätze, Bowlingbahnen und Hotelunterbringung für alle 32 Teambesitzer sind nur ein paar davon. Dabei könnte es so einfach sein. Eine Sache zieht das Super-Bowl-Komitee an, wie keine andere. Welche ist das?

a) Neue Teamfarben und ein neues Teamlogo, des Franchise aus der jeweiligen Stadt

b) Eine neue Luxushotelanlage neben dem Stadion

c) Die Fertigstellung eines neuen Stadions

FOOTBALL-QUIZFRAGE 13:

Was wäre der Super Bowl ohne seine lustigen Werbeunterbrechungen? Vermutlich einfach nur ein Super Bowl ohne Werbeunterbrechungen, aber trotzdem gehören sie zu diesem Ereignis dazu wie die Luft zum Atmen. Und führende Unternehmen haben das verstanden und investieren enorme Summen für einen dieser 30-sekündigen Werbespots. Doch wie viel kosten diese 30 Sekunden im Durchschnitt?

a) 3 Mio. USD

b) 7 Mio. USD

c) 12 Mio. USD

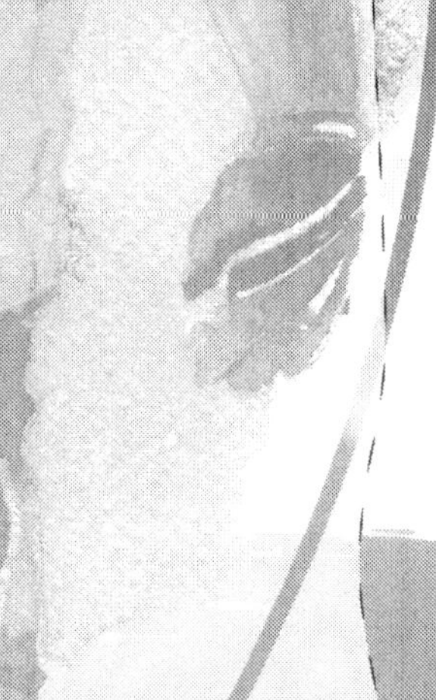

FOOTBALL-QUIZFRAGE 14:

Es ist bereits Tradition und nicht mehr wegzudenken, dass der frisch gekürte Super-Bowl-Champion vom Präsidenten ins Weiße Haus eingeladen wird. Doch das war nicht immer so. Welches Team war nach einem Super-Bowl-Sieg das Erste, dem diese Ehre zuteil wurde?

a) Pittsburgh Steelers – 1980

b) Baltimore Colts – 1970

c) New England Patriots – 2002

FOOTBALL-QUIZFRAGE 15:

Der Super Bowl war nicht immer das Money-Event, das es heute ist. Bis zu einer Milliarde US-Dollar werden heutzutage durchschnittlich durch dieses Einzelsportereignis umgesetzt. Als 1967 der erste Super Bowl stattfand, konnten die Veranstalter davon nur träumen. Nicht einmal die heute so heißbegehrten Tickets waren ausverkauft. Und das, obwohl man diese zu Spottpreisen erwerben konnte. Wie viel hat ein solches Super-Bowl-Ticket damals gekostet?

a) 100 USD

b) 50 USD

c) 12 USD

FOOTBALL-QUIZFRAGE 16:

Der Austragungsort des Super Bowl wird schon weit im Voraus bestimmt. Genug Zeit also für die Mannschaft des Austragungsorts, sich einen Heim-Super-Bowl zu erarbeiten. Welche Mannschaft war die erste, die das geschafft und sich sogar noch den Sieg geholt hat?

a) Baltimore Ravens

b) Los Angeles Rams

c) Tampa Bay Buccaneers

FOOTBALL-QUIZFRAGE 17:

Gespielt wird um die heißbegehrte Vince-Lombardi-Trophäe. Benannt nach, wer hätte es gedacht, Vince Lombardi, der als Trainer fünf Super Bowls in sieben Jahren gewonnen hat. Doch welches Team hat er gecoacht?

a) New England Patriots

b) Green Bay Packers

c) Chicago Bears

FOOTBALL-QUIZFRAGE 18:

Eine Mannschaft hat es in Sachen Super Bowl ganz übel erwischt. Viermal in Folge standen sie im Endspiel und konnten keinen einzigen Sieg nach Hause bringen. Und damit nicht genug. Bis heute sind sie eine der wenigen Mannschaften, die noch nicht einmal einen einzigen Super Bowl gewinnen konnten. Welche Mannschaft ist gemeint?

a) Minnesota Vikings

b) Buffalo Bills

c) Detroit Lions

FOOTBALL-QUIZFRAGE 19:

Liebe geht bekanntlich durch den Magen. Kein Wunder also, dass die Amerikaner ihre Liebe zum Sport durch Chicken Wings und Co. ausdrücken. Rund 1 Milliarde dieser Chicken Wings, 3 Millionen Kilogramm Popcorn, 12 Millionen Kilogramm Chips und unglaubliche 24 Millionen Kilogramm Advocados, werden im Schnitt jedes Jahr zum Super Bowl verspeist. Doch mit knapp 5 Millionen Liter welchen Getränks spülen die Amerikaner das ganze Essen herunter?

a) Bier

b) Softdrinks

c) Whiskey

FOOTBALL-QUIZFRAGE 20:

Mit drei Stunden Gesamtlänge kann man rechnen, wenn man sich in der Nacht von Sonntag auf Montag den Super Bowl anschauen möchte. Gebannt sitzt man vor den Bildschirmen und verfolgt stundenlang das Spektakel, das eigentlich nur einen Bruchteil dieser Zeit andauert. Wie lang ist die durchschnittliche tatsächliche Spielzeit eines Super Bowls?

a) 11 min

b) 30 min

c) 55 min

DIE SPIELER FOOTBALL-QUIZFRAGE 21:

Der Defensiv Lineman William Perry wog in seiner besten Zeit in Chicago 155 kg bei einer Größe von 1,88 m. Der Spieler, der gelegentlich zum Vorblocken als Fullback eingesetzt wurde, entwickelte sich nicht nur durch seine Leistung auf dem Footballfeld, sondern wurde vor allem durch seine offene und herzliche Art schnell zum Publikums– und Medienliebling. Seine Statur brachte ihm zudem einen Spitznamen ein, der auch heute noch jedem alteingesessenen Footballfan bekannt sein dürfte. Wie lautet der?

a) The Bear

b) The Closet

c) The Fridge

FOOTBALL-QUIZFRAGE 22:

Eine Szene bei jeder Sportveranstaltung, die man sich am liebsten wegwünschen würde: Fans beschimpfen die Spieler der gegnerischen Mannschaft und bewerfen diese mit Abfall und Lebensmitteln. Doch bei diesem Spieler war es ein Zeichen der Wertschätzung, dass ihn seine Fans regelmäßig mit seinen Lieblingssüßigkeiten abwarfen, für die er ebenso bekannt war, wie für seine bestialischen Runs durch seine Gegenspieler. Wer ist gemeint?

a) Marshawn Lynch

b) Adrian Peterson

c) Walter Payton

FOOTBALL-QUIZFRAGE 23:

Sich bei einem Footballspiel zu verletzen, ist keine Seltenheit. Jeder NFL-Spieler kennt das Risiko und weiß: Dieser Sport ist nur etwas für echte Männer! Doch auch außerhalb des Spielfelds lauern Gefahren. Wie etwa Silvesterböller. Welcher dieser Spieler hat 2015 durch diese Böller beinahe seine Hand verloren und konnte seine Position in der besten Liga der Welt dennoch halten?

a) Marques Colston

b) Jason Pierre-Paul

c) Mike Evans

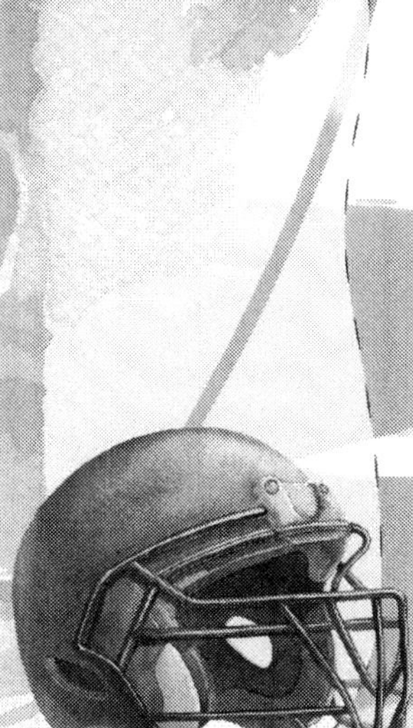

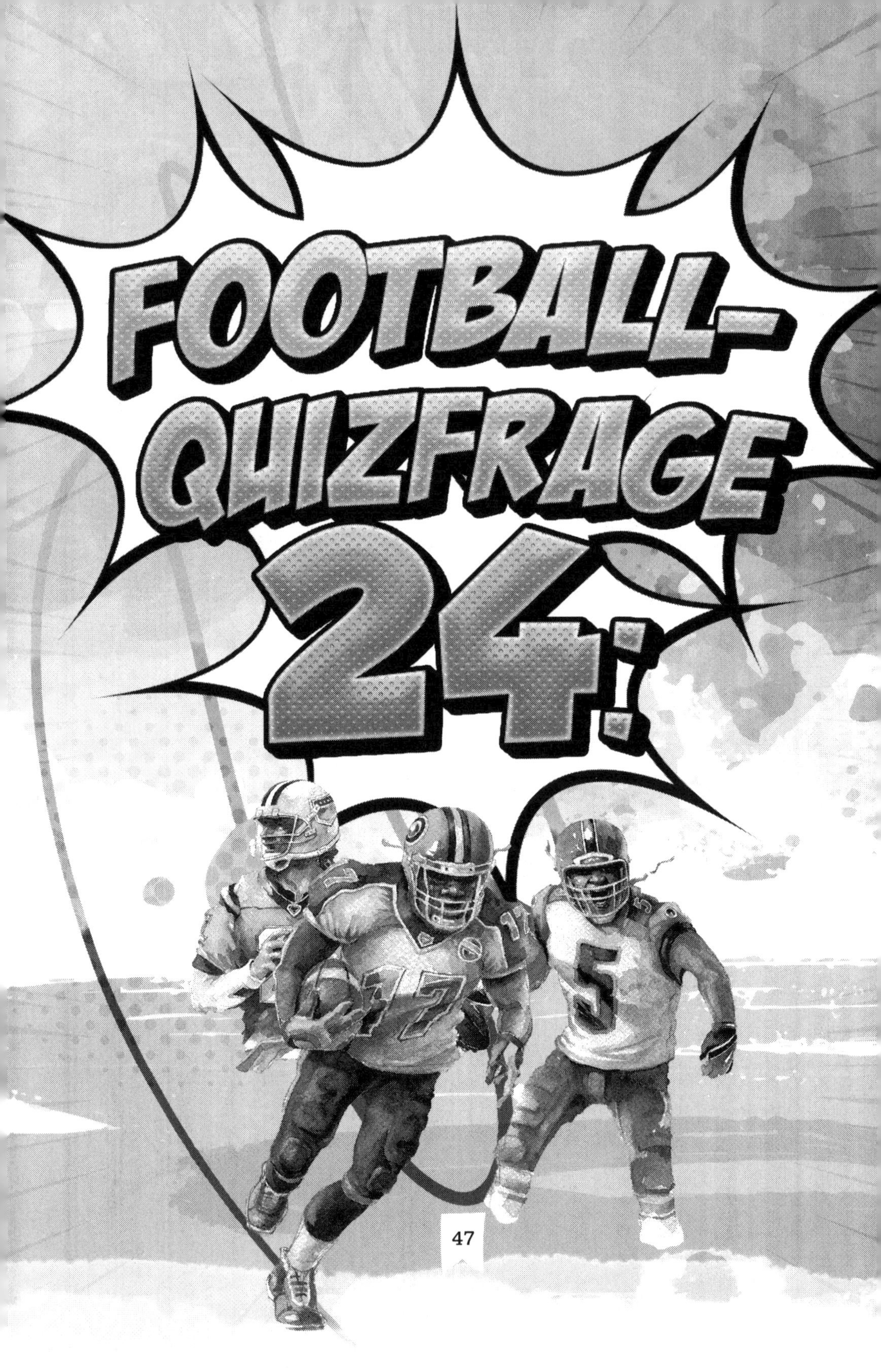
FOOTBALL-
QUIZFRAGE
24!

Wer hoch fliegt kann auch tief fallen. Das zeigt das Beispiel des Quarterbacks, der 2014 von den Cleveland Browns an 22. Stelle gedraftet wurde. Nachdem er auf dem College als erster Freshman überhaupt, mit nur 19 Jahren, die Heisman Trophy für den besten Spieler der NCAA gewann, erwartete man Großes von ihm nach dem Wechsel in die NFL. Stattdessen gab es Exzesse, Skandale und schließlich sogar einen Entzug. In dieser Zeit konnte er keine nennenswerten Ergebnisse liefern und besiegelte damit den absoluten Griff ins Klo für die Browns. Von wem ist die Rede?

a) Johnny Manziel

b) Marcus Mariota

c) Robert Lee Griffin lll

FOOTBALL-QUIZFRAGE 25:

Fantasy Football ist vielen NFL-Fans ein Begriff. Man sucht sich aus Spielern ein Team zusammen, mit denen man in einer Liga gegen andere Teams antritt. Gewertet wird nach den Leistungen, die die Spieler in den echten Spielen der NFL erbringen. Um sich für Fantasy-Football-Fans, interessanter zu machen beschlossen einige Stars der NFL, Stunts zu drehen, um von ihrem Können zu überzeugen und die Menschen dazuzubringen, sie in ihr Fantasy-Team zu wählen. „Pick me" heißt diese Kultreihe und ist bis heute ein absoluter Klassiker. Wie heißt der Kicker, der sein Können unter Beweis gestellt hat, indem er um 2:59 PM drei Bälle hintereinander in einen Glockenturm schoss?

a) Mason Crosby

b) Stephen Gostkowski

c) Mark Moseley

FOOTBALL-QUIZFRAGE 26:

Die NFL hat viele Stars und herausragende Spieler hervorgebracht. Einer von ihnen war sehr erfolgreich und gehört bis heute zu den besten Footballspielern, die die Welt jemals gesehen hat. Er starb im Alter von nur 45 Jahren an einer schweren Leberkrankheit. Um sein Leben und seine Leistung zu ehren, wurde nach seinem Tod der bis dato „NFL Man of the Year Award" genannte Preis nach ihm umbenannt. Wie heißt dieser Preis heute?

a) Ronnie Hillman NFL Man of the Year Award

b) Walter Payton NFL Man of the Year Award

c) Deion Sanders NFL Man of the Year Award

FOOTBALL-QUIZFRAGE 27:

Um in der NFL berühmt zu werden, reicht es nicht aus, stetige, ausreichende Ergebnisse zu liefern. Man muss den Fans ein Spektakel bieten. Dieser Cornerback der New England Patriots schaffte es in der letzten Sekunde des Super Bowls XLIX Berühmtheit zu erlangen. Seine Interception brachte den Sieg für seine Mannschaft. Wie heißt der Cornerback, der 2015 sogar in den Pro Bowl gewählt wurde?

a) Don Jones

b) Malcolm Butler

c) Brandon Browner

FOOTBALL-QUIZFRAGE 28:

Das Gute am Football: Jeder, dem es gefällt, kann diesen Sport betreiben. Ganz egal welche Größe man hat und welcher Körpertyp man ist. Der Sport war jedoch schon immer für die großen und schweren Jungs bekannt. Doch was ist eigentlich mit den kleinen bzw. den kleinsten Spielern,wie Boston Scott und Deonte Harty? Sie behaupten sich tapfer gegen die größeren Gegenspieler und sind dank ihrer Größe sogar teils schneller und wendiger. Wie groß sind diese kleinsten Spieler der NFL eigentlich?

a) 1,55 m

b) 1,75 m

c) 1,67 m

FOOTBALL-QUIZFRAGE 29:

Einigen Spielern ist ihre Trikotnummer wichtig, anderen egal, einigen heilig, sogar bei einem Teamwechsel, wieder andere wechseln sie wie Unterhosen. Doch dieser Spieler trieb es auf die Spitze. Chad Johnson ließ seiner Trikotnummer zu Ehren seinen Nachnamen offiziell ändern, und zwar in ...?

a) Ochocinco (spanisch für 8 - 5)

b) Ottanta (italienisch für 80)

c) Dix (französisch für 10)

FOOTBALL-QUIZFRAGE 30:

Die beliebteste Disziplin in der NFL und beim Football im Allgemeinen ist der 40-Yard-Dash. Die Zeit, in der die Spieler 40 Yards zurücklegen, wird genommen, um die Beschleunigung und Geschwindigkeit eines Spielers zu messen. Welcher Spieler lief 2017 beim NFL-Combine den schnellsten 40 Yard Dash mit unglaublichen 4,22 Sekunden?

a) Tyreek Hill

b) John Ross

c) Will Fuller

FOOTBALL IN FILMEN UND MEDIEN

FOOTBALL-QUIZFRAGE 31:

In „Unbesiegbar – Der Traum seines Lebens" spielt Mark Wahlberg den 30-jährigen Footballfan Vince Papale, der sich mit Jobs als Barkeeper und Aushilfslehrer, so gut es geht, durchs Leben schlägt. Als sein Lieblingsteam eines Tages ein Try-out veranstaltet, nutzt Papale seine Chance und nimmt teil. Wer hätte es gedacht, er schafft es ins Team (ansonsten hätte wohl kaum jemand einen Film darüber gedreht) und sorgt mit einer Aktion sogar für den ersten Sieg seiner Mannschaft seit langer Zeit. Welche Mannschaft nimmt Papale in seinen Kader auf?

a) New Orleans Saints

b) Tennessee Titans

c) Philadelphia Eagles

FOOTBALL-
QUIZFRAGE
32:

Football, ein Sport, der nur etwas für harte Kerle ist, vor allem in der Profiliga. Doch als der durchtrainierte Footballstar Joe Kingman (Dwayne Johnson) in „Daddy ohne Plan" für seine Tochter eine neue Sportart ausprobiert, kommt er mächtig ins Schwitzen und hat unerwartet einen heftigen Muskelkater. Welche Sportart hat diesen Profi so sehr umgehauen, dass er sich am nächsten Tag kaum bewegen kann?

a) Ballett

b) Tischtennis

c) Wasserball

FOOTBALL-QUIZFRAGE 33:

Ein Name, den man wohl mehr mit Schauspiel und Komödien in Verbindung bringt, als mit American Football ist Terry Crews. Dabei hat der sympathische Muskelprotz mehrere Jahre für verschiedene NFL-Teams gespielt. Ein Jahr lang stand er sogar für ein NFL-Europe-Team auf dem Platz. Für welche europäische Mannschaft hat Terry Crews im Jahr 1995 gespielt.

a) Amsterdam Admirals

b) Scottish Claymores

c) Rhein Fire Düsseldorf

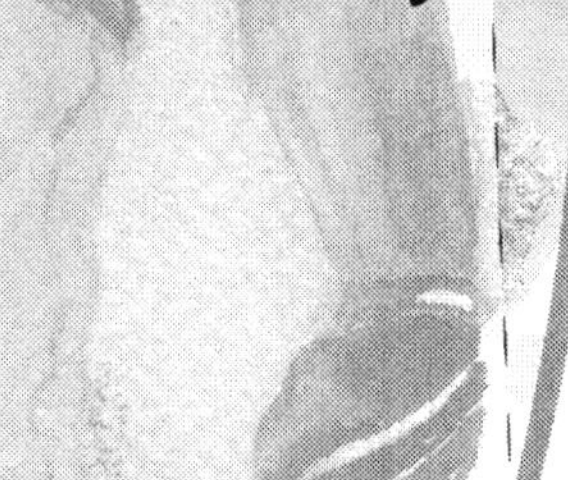

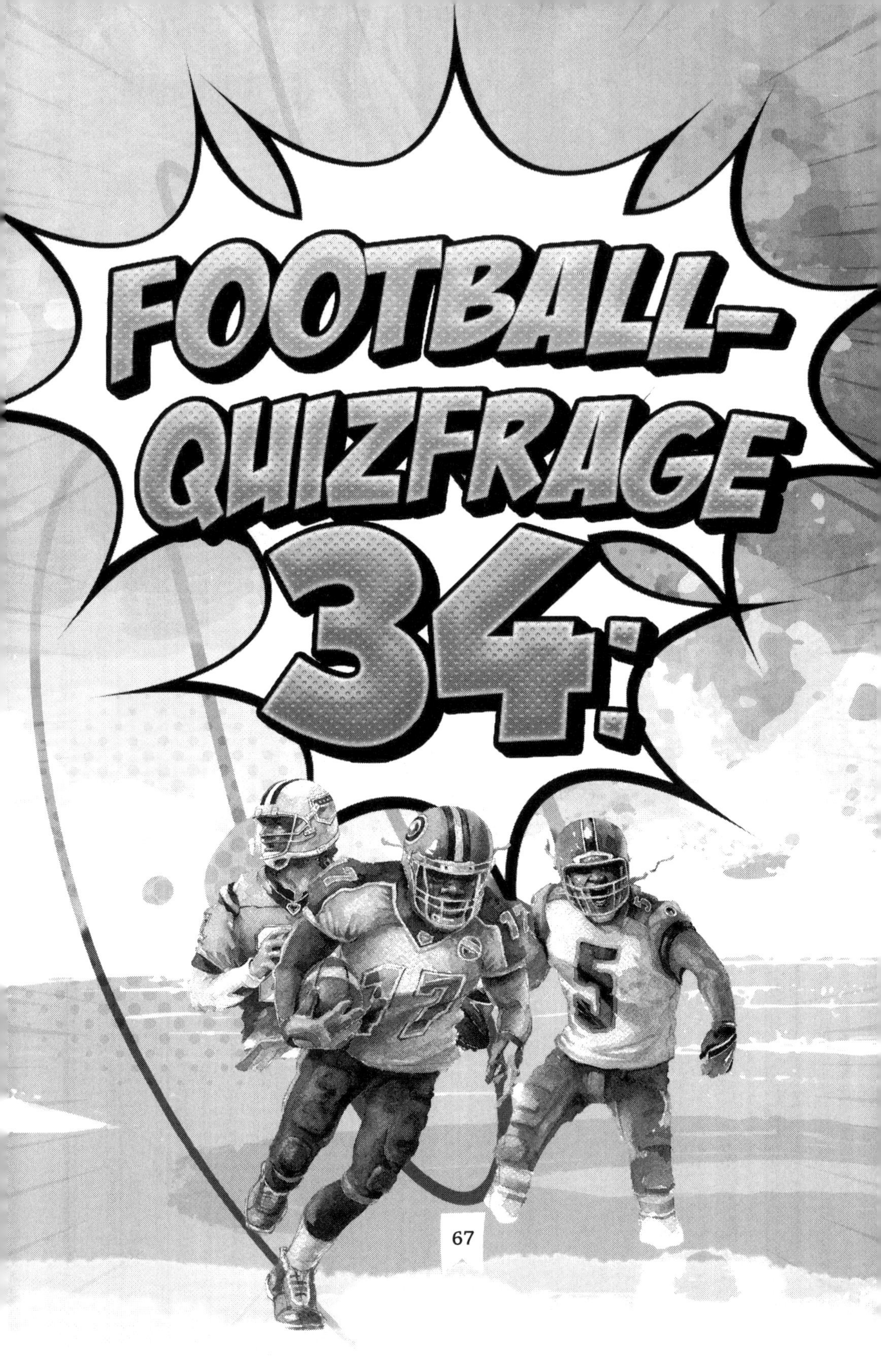
FOOTBALL-
QUIZFRAGE
34:

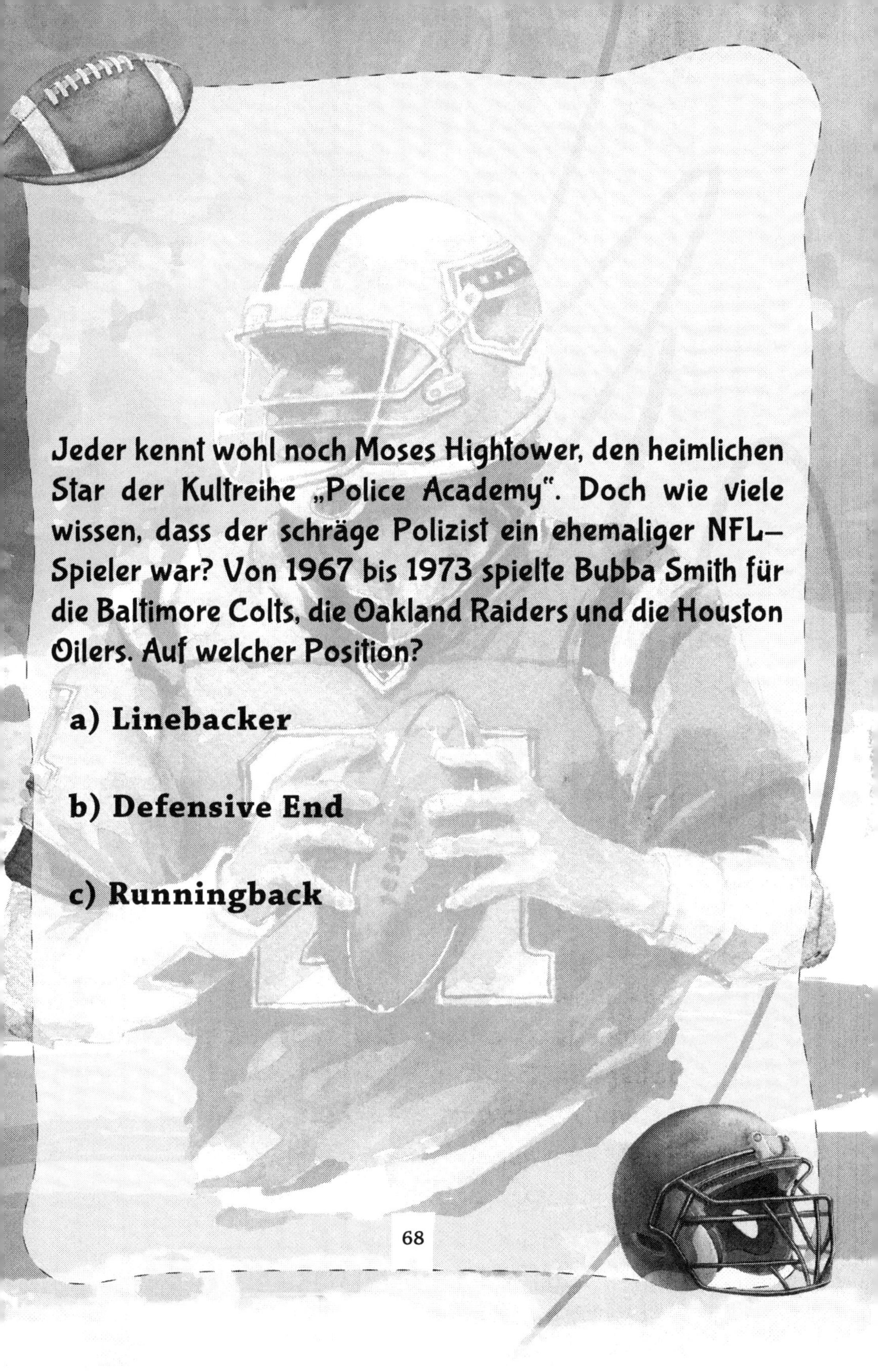

Jeder kennt wohl noch Moses Hightower, den heimlichen Star der Kultreihe „Police Academy". Doch wie viele wissen, dass der schräge Polizist ein ehemaliger NFL-Spieler war? Von 1967 bis 1973 spielte Bubba Smith für die Baltimore Colts, die Oakland Raiders und die Houston Oilers. Auf welcher Position?

a) Linebacker

b) Defensive End

c) Runningback

FOOTBALL-QUIZFRAGE 35:

Auch Amerikas Superstars sind footballbegeistert. Wie auch nicht bei diesem Sport? Wiz Khalifa widmete seinem Lieblingsteam sogar ein ganzes Lied, das jeder kennen sollte. Mit „Black and Yellow" bekennt sich der Rapper zu hundertprozentig zu den Pittsburgh Steelers. Er erschuf mit diesem Lied einen Trend, der eine ganze Weile anhalten sollte. Auch Lil Wayne gab seinem Senf dazu und schrieb einen Titel für welches Team?

a) Green and White – Philadelphia Eagles

b) Purple and Gold – Minnesota Vikings

c) Green and Yellow – Green Bay Packers

FOOTBALL-QUIZFRAGE 36:

Die Halbzeitschau des Super Bowls hat teils größere Einschaltquoten als der Super Bowl an sich. Wahrscheinlich liegt es an den Megastars, die den Zuschauern die Show ihres Lebens bieten wollen. Vielleicht liegt es an der aufwendigen Choreographie. Oder möchte das prüde Amerika nur mal nach dem Rechten sehen? Vor allem nach der Halbzeitshow, in der welcher Star unbeabsichtigt der ganzen Welt ihre Nippel zeigte?

a) Janet Jackson

b) Beyoncé Knowles

c) Rihanna

FOOTBALL-QUIZFRAGE 37:

Der Film „An jedem verdammten Sonntag" ist ein absolutes Must-watch für jeden Footballfan. Willie Beamen (Jamie Foxx) muss das erste Mal in einem regulären Spiel für sein Team als Quarterback herhalten, nachdem seine beiden Vorgänger verletzungsbedingt ausfallen. Doch vor lauter Aufregung passiert ihm ein Missgeschick, ale er den Platz betritt, welches bald zu seinem Markenzeichen werden soll. Was widerfährt dem aufgeregten Willie Beamen vor seinem ersten Spielzug?

a) Er stolpert und fällt hin

b) Er läuft versehentlich in den Huddle des gegnerischen Teams

c) Er übergibt sich mitten auf dem Platz

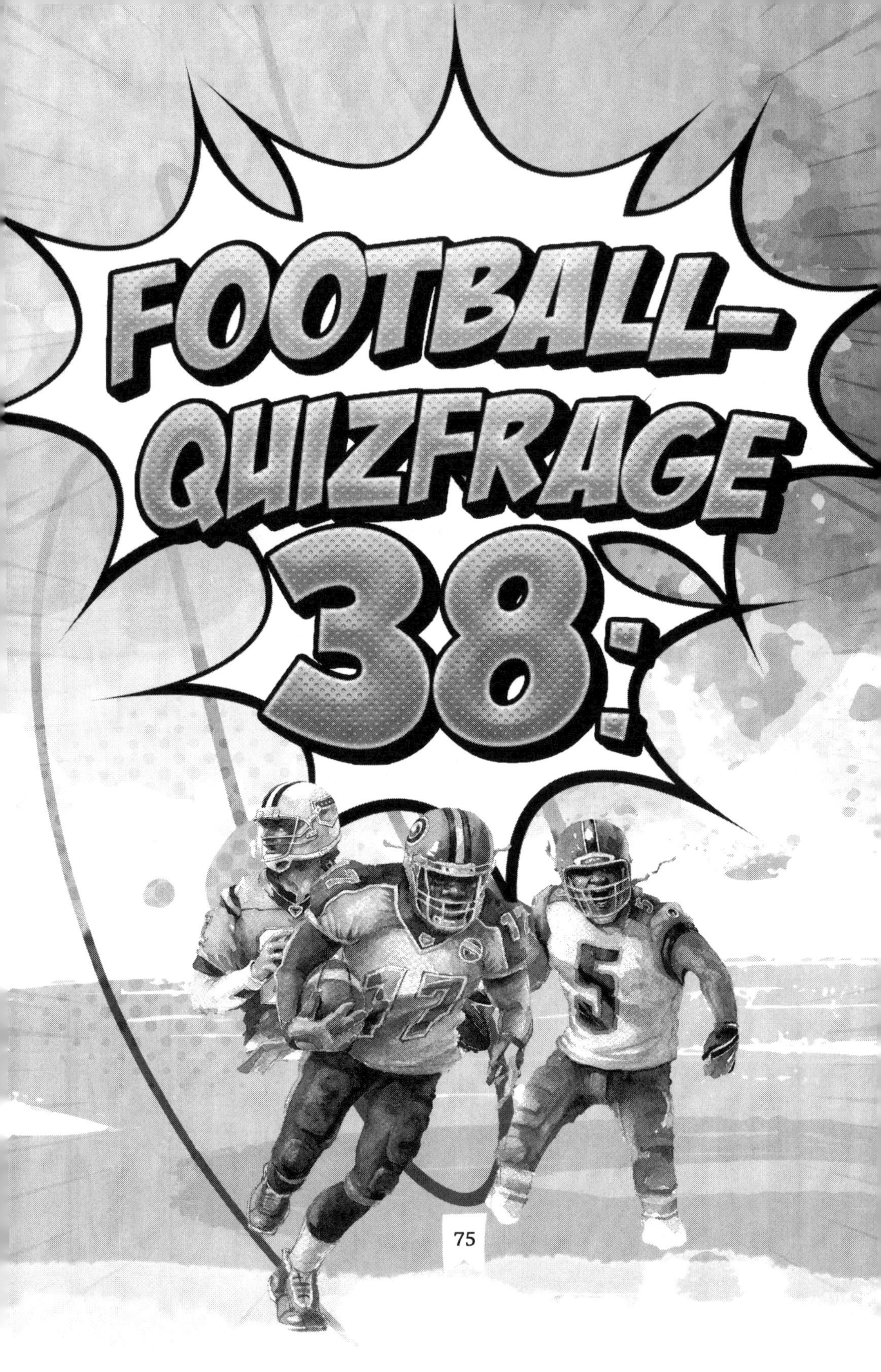
FOOTBALL-
QUIZFRAGE
38:

Auf 76 Folgen und 5 Staffeln kommt die Serie, die auf dem gleichnamigen Buch und Film basiert. Obwohl von der Kritik gelobt, konnte „Friday Night Lights“ nie eine größere Fanbase hinter sich versammeln. Trotzdem gibt es viele Zuschauer, die diese von Familiendramen und Alltagsproblemen gespickte Serie fest in ihr Herz geschlossen haben. Dass es sich um eine Footballserie handelt, dürfte klar sein, doch auf welchem Spielniveau spielen die Protagonisten aus der fiktiven Stadt Dillon in Texas?

a) High School

b) College

c) Middle School

FOOTBALL-QUIZFRAGE 39:

Auch Adam Sandler darf bei der Erwähnung von Footballfilmen natürlich nicht fehlen. „Spiel ohne Regeln" von 2005 ist einer der beliebtesten Footballfilme hierzulande. Doch dieser Film ist die zweite Neuverfilmung des Klassikers „Die härteste Meile" von 1974. Beide Filme haben eine Konstante: Welcher Schauspieler spielte tatsächlich in beiden Filmen mit?

a) Michael Irving

b) Burt Reynolds

c) James Cromwell

FOOTBALL-QUIZFRAGE 40:

„Blindside" mit Sandra Bullock – mehr muss man nicht sagen. So ziemlich jeder kennt den Film, der auf der Geschichte des NFL-Spielers Michael „Big Mike" Oher beruht. Wir wissen daher gut über die Geschichte und den Beschützerinstinkt des Offensive Lineman Bescheid. Aber bei welchem Team hat Big Mike eigentlich nach seiner Collegekarriere als Erstes unterzeichnet?

a) Baltimore Ravens

b) Indianapolis Colts

c) New York Giants

DIE STADIEN FOOTBALL-QUIZFRAGE 41:

Die USA – das Land der Superlative. Kaum verwunderlich, dass auch die Stadien der NFL gigantisch ausfallen. Dieses Stadion hat mit jeweils 49 mal 22 Metern sogar zwei der größten Bildschirme der Welt. Welches ist es?

a) Caesars Superdome – New Orleans Saints

b) AT&T Stadium – Dallas Cowboys

c) Lambeau Field – Green Bay Packers

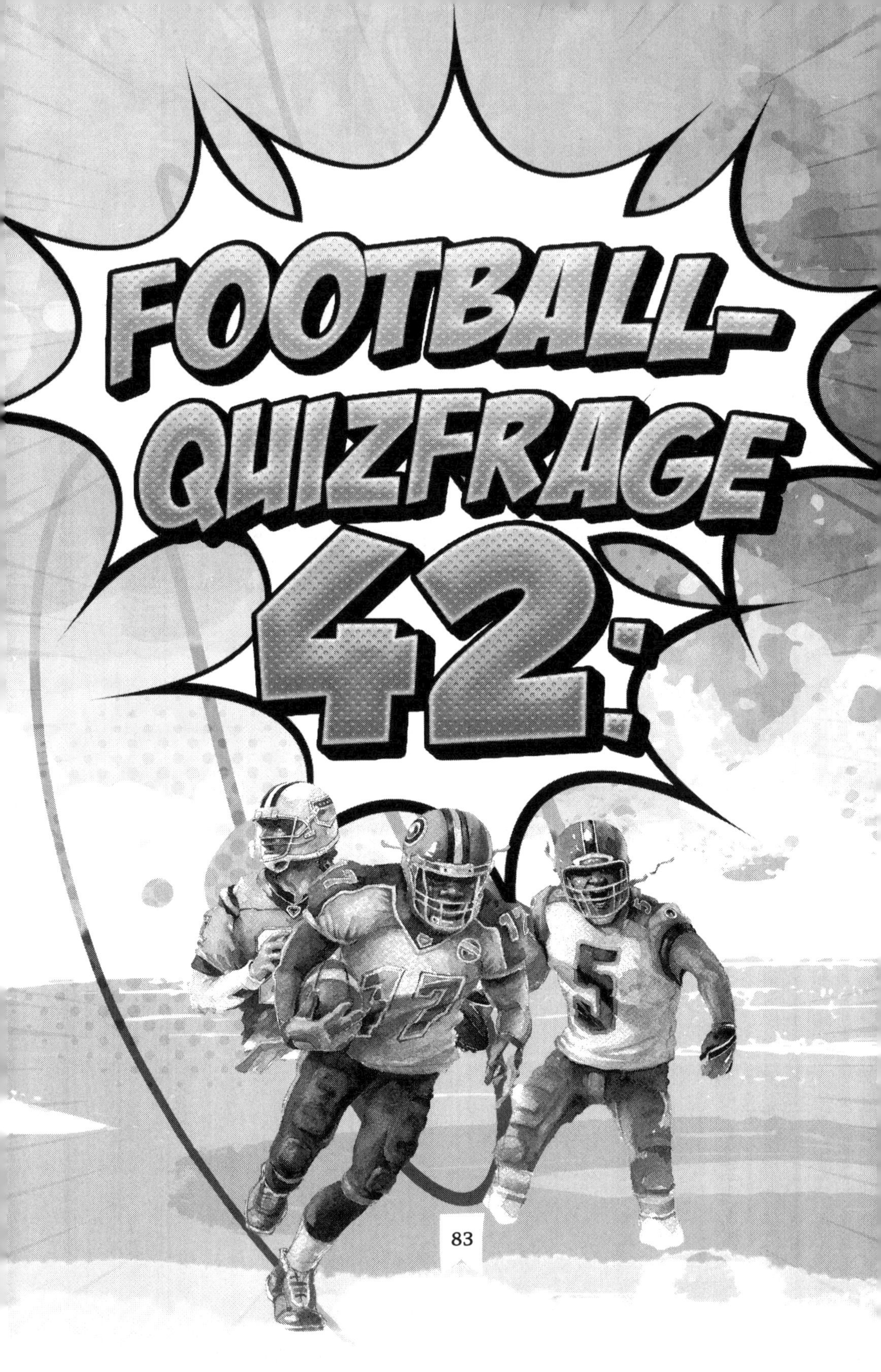
FOOTBALL-
QUIZFRAGE
42:

Knapp 76.000 Plätze bietet das höchstgelegene Stadion der NFL. Etwa eine Meile oder circa 1.600 m liegt das „Empower Field at Mile High" über dem Meeresspiegel und ist für jeden Spieler aus tiefer liegenden Regionen eine Herausforderung für Herz und Lunge. Kein Wunder also, dass die beheimatete Mannschaft eine herausragende Heimspielbilanz hat. Welche Mannschaft spielt in diesem Stadion?

a) Atlanta Falcons

b) Seattle Seahawks

c) Denver Broncos

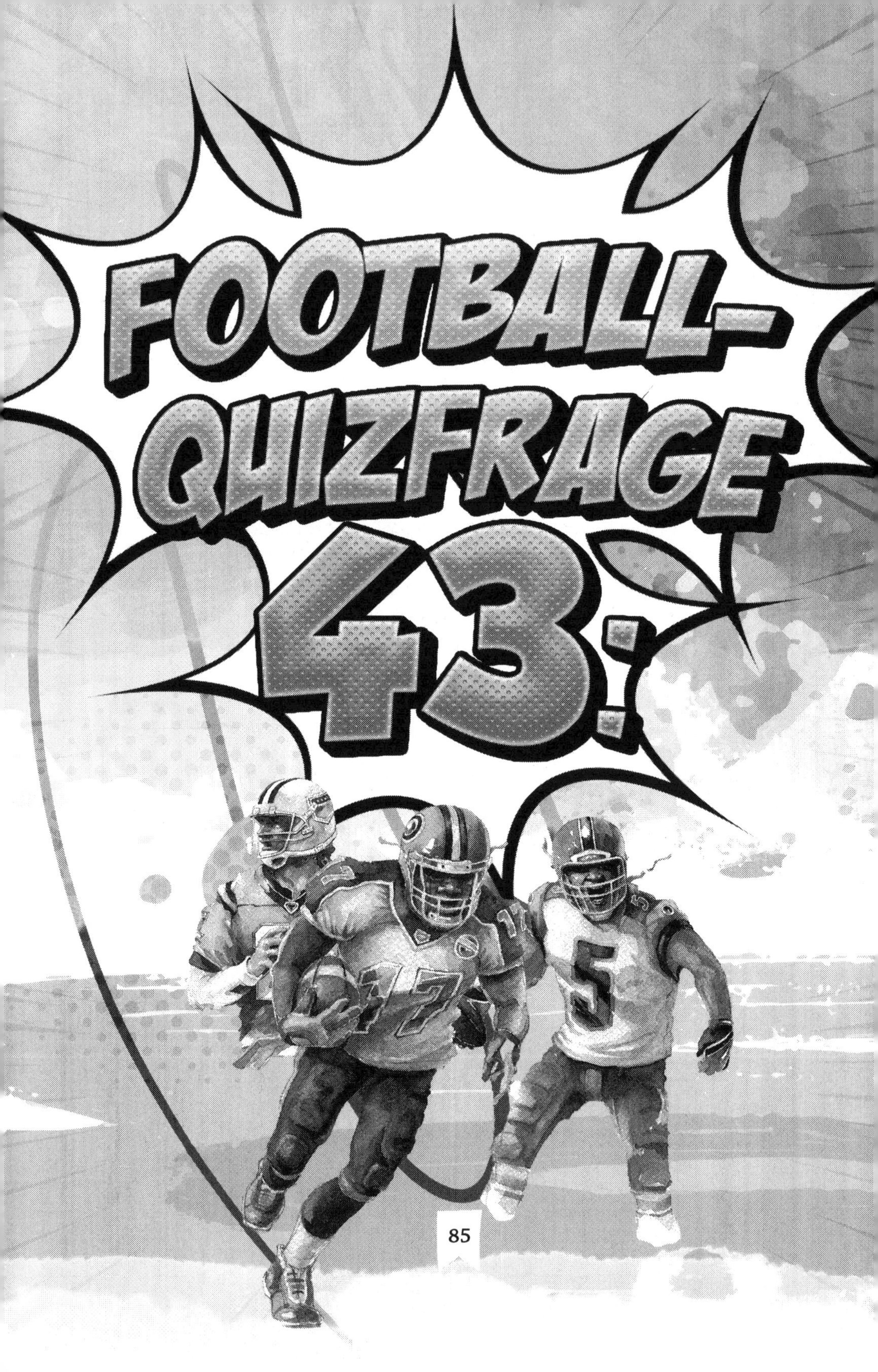
FOOTBALL-
QUIZFRAGE
43:

Die Green Bay Packers sind in Hinblick auf die Eigentumsverhältnisse von milliardenschweren Besitzern der anderen Teams etwas Besonderes. Sie gehören nämlich keiner privaten Person, sondern der Stadt Green Bay. Sie sind ihr ganzer Stolz und können nicht so einfach fortziehen wie andere NFL–Teams. Auch das Stadion ist etwas ganz Besonderes. Seit 1957 (damals noch City Stadium) wird dort gespielt. Länger als in jedem anderen Stadion. Erst 1965 wurde es in „Lambeau Field" umbenannt. Zu Ehren des im selben Jahr verstorbenen Curly Lambeau, der welche Funktion im Verein innehatte?

a) Erster Headcoach der Packers

b) Teambesitzer, der die Packers der Gemeinde Green Bay übertrug

c) Erster Quarterback der Packers

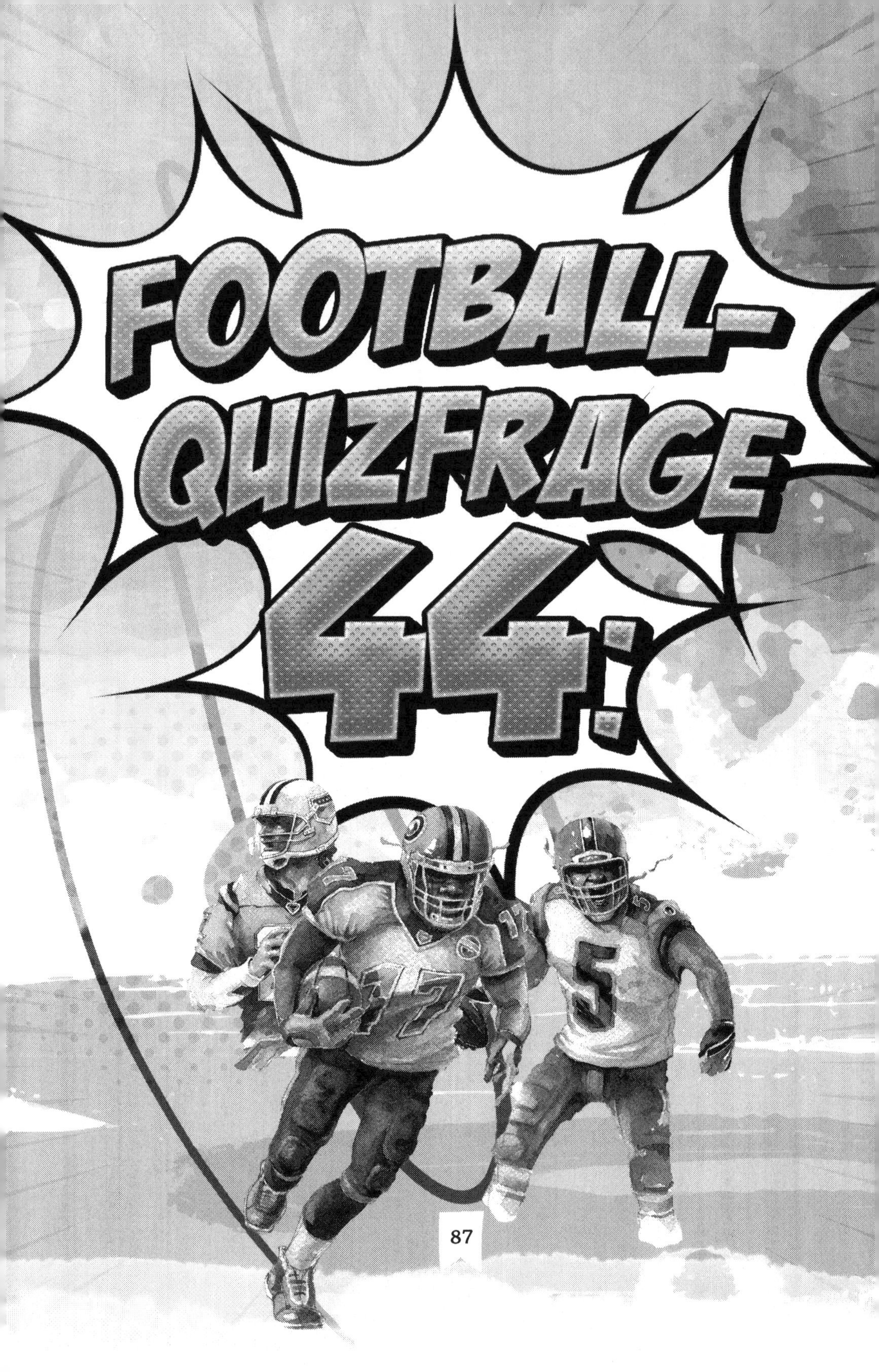
FOOTBALL-
QUIZFRAGE
44:

Die 49ers entgingen einer Blamage im Super Bowl 2013 nur knapp. Ein Stromausfall, der das ganze Stadion lahmlegte, verschaffte ihnen genug Zeit, sich wieder aufzurappeln und aus einem 28:6 Rückstand eine 34:31 Niederlage gegen die Ravens zu zaubern. Na ja, doch egal wie knapp, Niederlage bleibt am Ende leider immer noch Niederlage. Wie hieß das hochmoderne Stadion, in dem in dieser Nacht auf einmal das Licht für eine halbe Stunde ausging?

a) MetLife Stadium

b) Mercedes-Benz Superdome

c) Highmark Stadium

FOOTBALL-QUIZFRAGE 45:

Das Spiel, das als Ice Bowl in die Geschichte eingehen sollte, fand am Silvesterabend 1967 in einem unbeheizten, nicht überdachten Stadion statt. Bei –25 Grad Celsius. Das kälteste Spiel aller Zeiten. Auch heute ist das Stadion nicht überdacht. Die armen Gäste kamen aus dem vergleichsmäßig warmen Dallas geflogen und mussten sich diesen Temperaturen einstellen. Von welchem Stadion ist die Rede?

a) Lambeau Field – Green Bay

b) Highmark Stadium – Buffalo Bills

c) U.S. Bank Stadium – Minnesota Vikings

FOOTBALL-QUIZFRAGE 46:

1998 wurde im deutschen Fernsehen das erste Mal ein Super Bowl übertragen. Doch es sollte noch einige Jahre dauern, bis der Hype in Deutschland richtig losging. Heutzutage ist die Begeisterung für den Sport in diesem Land so groß, dass selbst Funktionäre der NFL das Potenzial dahinter erkannten und prompt ein Spiel der Regular Season hierherverlegten. In welchem Stadion fand das allererste NFL-Spiel auf deutschem Boden statt?

a) SchücoArena

b) Borussia-Park

c) Allianz Arena

FOOTBALL-QUIZFRAGE 47:

Aus europäischer Sicht ist es erst einmal etwas seltsam zu hören, dass die Footballteams der Universitäten in Amerika teilweise größere Zuschauerzahlen und Einschaltquoten haben als die Profis aus der NFL. Doch die Amerikaner lieben ihre Studis, vor allem weil diese meistens nur aus einem einzigen Grund überhaupt das College besuchen. Und der lautet Football. Schon auf dem College wachsen die jungen Männer zu Stars heran, um sich für den großen Traum, in die NFL zu kommen, zu qualifizieren. Ganz klar, dass das Studium da zur Nebensache wird und man seine Zeit lieber damit verbringt, vor tausenden Zuschauern sein Bestes zu geben. Vor allem eine Universität sticht mit 107.601 Zuschauerplätzen im Stadion heraus. Welche ist es?

a) Oregon Ducks – Autzen Stadium

b) LSU Tigers – Tiger Stadium

c) Michigan Wolverines – Michigan Stadium

FOOTBALL-QUIZFRAGE 48:

Es soll ja auch nicht langweilig werden, denken sich die Architekten der Spielstätten bestimmt jedes Mal, wenn ein neues Stadion geplant wird. Eines der neusten Projekte imponiert mit einem sich linsenförmig öffnenden Dach, das eher an eine Kamera erinnert als an ein Sportstadion und einem sich darunter befindenden 360–Grad–Screen. Durch diesen Screen kann man aus jeder nur erdenklichen Perspektive das Spielgeschehen genauestens beobachten. Von außen fehlt jede Spur konventioneller Architektur. Man erkennt vor lauter Ecken das Stadion kaum. Einfach nur ein atemberaubendes Meisterwerk moderner Architektur. Wie heißt dieser Blickfang und für welches Team wurde er erbaut?

a) Mercedes-Benz Stadium – Atlanta Falcons

b) M&T Bank Stadium – Baltimore Ravens

c) Allegiant Stadium – Las Vegas Raiders

FOOTBALL-QUIZFRAGE 49:

Ein Team hat sich eine ganz besondere Attraktion ausgedacht, um Zuschauer anzulocken. Tausende von Dollars zahlen Fans, um sich ein NFL-Spiel mit „All You Can Eat"- und Getränkeflatrate aus einem Pool heraus anzuschauen. Welche Mannschaft kommt nur auf solche Ideen?

a) Jacksonville Jaguars – EverBank Field

b) Los Angeles Rams – SoFi Stadium

c) Miami Dolphins – Hard Rock Stadium

FOOTBALL-QUIZFRAGE 50:

1895 für damals 100.000 USD erbaut und noch immer finden die Spiele der Penn Quakers auf dem „Franklin Field" statt, was das Stadion der University of Pennsylvania zum ältesten Footballstadion der Welt macht. Doch wonach wurde das Stadion benannt?

a) Walter Franklin – bekannter Richter aus Pennsylvania

b) Benjamin Franklin – Gründervater der Vereinigten Staaten von Amerika und Gründer der University of Pennsylvania

c) Stadt Franklin, Pennsylvania – Geburtsort des Architekten

COLLEGE FOOTBALL

FOOTBALL-QUIZFRAGE 51:

College Football ist wie die Castingagentur der NFL. Spieler stellen sich ins Rampenlicht, um in das Visier der NFL–Scouts zu gelangen. Doch was, wenn man sich gar nicht ins Rampenlicht zu stellen braucht wie das gesuchte Nachwuchstalent bei den Texas Longhorns, das ein naher Verwandter zweier erfolgreicher NFL–Spieler ist. Wer ist gemeint?

a) Ollie Bennett – Michael & Martellus Bennett

b) Jim Kelce – Travis & Jason Kelce

c) Arch Manning – Eli & Peyton Manning

FOOTBALL-QUIZFRAGE 52:

Kaum ein Collegeteam wird so sehr mit „Style" in Verbindung gebracht wie die Oregon Ducks. Kein Wunder, bei einem Sponsor, der zu den erfolgreichsten Sportmodemarken zählt. Gefühlt jedes Spiel bestreiten die Ducks in neuen Uniformen. Eine stylischer als die andere. Wer ist dieser Sponsor?

a) Reebok

b) Nike

c) Adidas

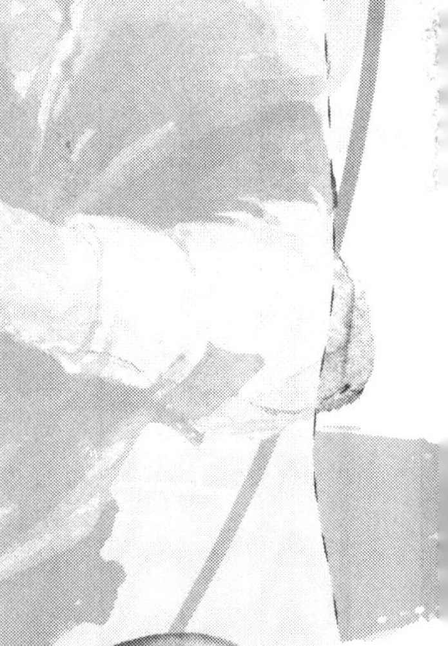

FOOTBALL-QUIZFRAGE 53:

Die NCAA-Organisation unterteilt sich in viele kleine Conferences. Im Mittelpunkt stehen die Power Five. Die ACC, die Big 12, die Big Ten, die Pac-12 und natürlich die SEC. Doch es gibt auch Teams, die sich keiner Conference zuteilen lassen wollen, aber auf Spiele gegen die besten Footballteams der Power Five nicht verzichten wollen. Eines von ihnen mit unglaublichem Erfolg. Welches Team ist gesucht?

a) Texas Tech Red Raiders

b) Arizona Wildcats

c) Notre Dame Fighting Irish

FOOTBALL-
QUIZFRAGE
54:

Wie die NFL hat auch die NCAA ein Championship Game. Die heiß begehrte Trophäe ist das Sahnehäubchen einer jeden Collegekarriere. In welchem Spiel messen sich die besten Collegeteams des Jahres?

a) Orange Bowl

b) Hail Mary Bowl

c) Rose Bowl

FOOTBALL-QUIZFRAGE 55:

Auf die Frage, ob Footballspieler mit einem Stipendium von der kostenlosen Bildung profitieren, antwortete der Cornerback Richard Sherman, *nein das täten diese Spieler nicht, denn für das Verständnis ihrer Coaches seien sie nicht Stipendiaten für Bildung, sondern für den Sport.* Als Collegeathlet sei man eben ein Vollzeitsportler. Dennoch ist Sherman froh darüber, dass diese Fragen gestellt werden und er ist auch dankbar für sein College, das Bildung in jedem Fall vor den Sport stellt, womit er es einfacher hatte, sich trotz des Sports weiterzubilden. Auf welchem College war Richard Sherman?

a) Stanford University

b) Harvard University

c) Michigan Institute of Technology

FOOTBALL-QUIZFRAGE 56:

Die wichtigste Auszeichnung im College Football ist die Heisman Trophy, die jedes Jahr an den besten Spieler des Jahrgangs verliehen wird. Doch seit 1986 gibt es noch eine weitere Trophäe für den besten Defensive Back. Wie heißt diese?

a) Deion Sanders Trophy

b) Chris Hudson Price

c) Jim Thorpe Award

FOOTBALL-QUIZFRAGE 57:

Die Quarterbacks der NCAA sind bereits in ihrer Collegezeit große Stars. Ihre Leistungen werden ebenso gefeiert, wie die der NFL–Kollegen. Ein Spieler stach durch seine besonders geringe Quote an Interceptions heraus. Nur 1,2% seiner Pässe wurden von Gegenspielern abgefangen. Weniger als bei jedem anderen Quarterback jemals zuvor und auch danach. Wer hält diesen Collegerekord?

a) Joe Montana

b) Markus Mariota

c) Patrick Mahomes

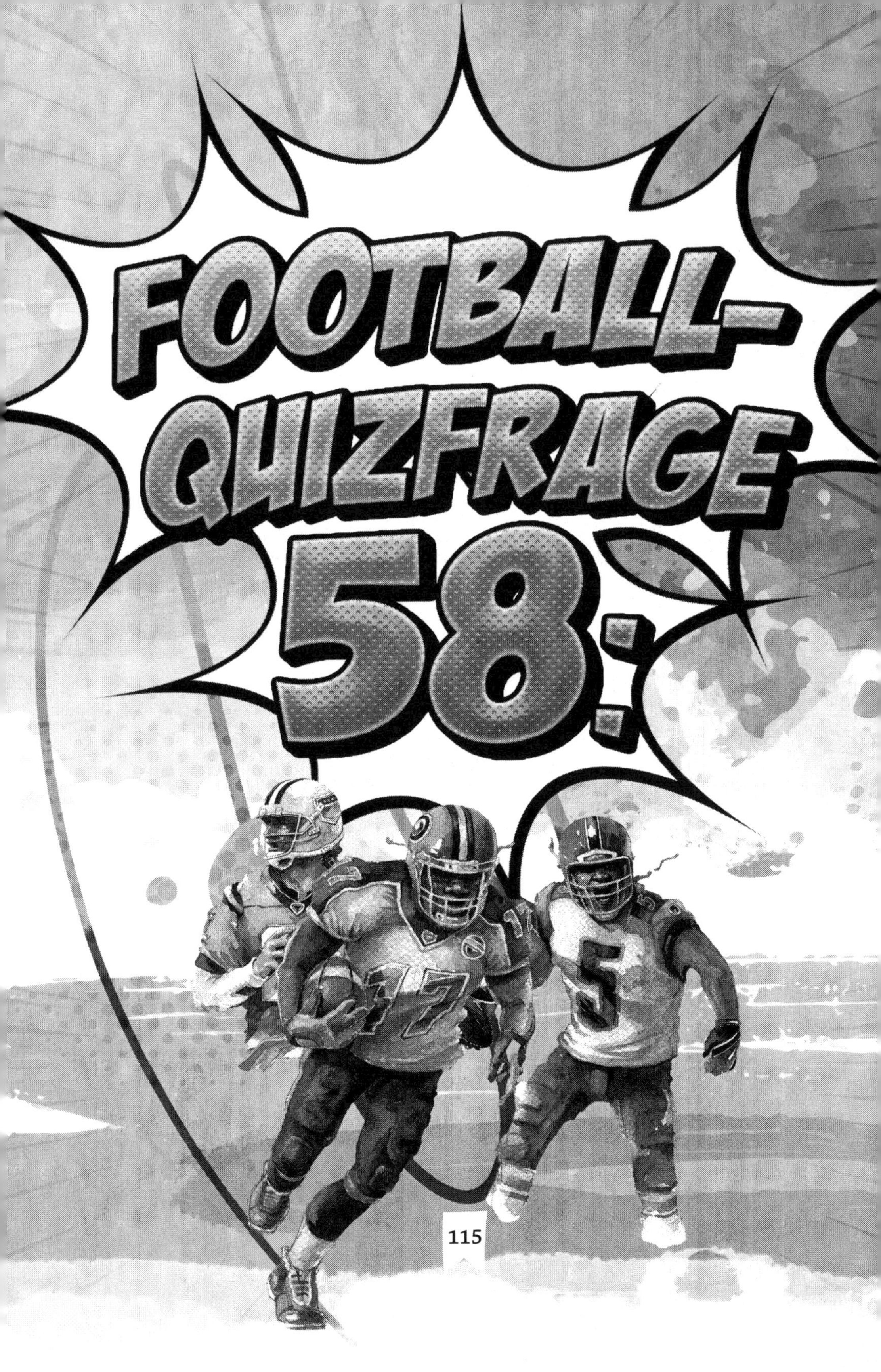
FOOTBALL-
QUIZFRAGE
58:

Nur Studenten spielen College Football? Nun, im herkömmlichen Sinn schon, doch es gibt auch im College Football Besonderheiten. Das letzte Spiel der Regular Season beispielsweise wird jedes Jahr von zwei rivalisierenden Teams bestritten und wird mit Spannung von vielen Amerikanern verfolgt. Selbst der Präsident lässt sich dieses Spektakel nicht entgehen. Welches Spiel hat solch einen hohen Stellenwert im College Football?

a) Air Force vs Seals

b) Army vs Navy

c) Cost Guards vs Marines

FOOTBALL-QUIZFRAGE 59:

Spieler dürfen zwar rechtlich gesehen noch kein Geld auf dem College verdienen, doch macht der College Football enorme Umsätze. Also investieren die Universitäten das Geld gerne in gute Coaches, die den Erfolg des Teams vorantreiben und so noch größere Umsätze schaffen. Der bestbezahlteste Coach ist Nick Saban von der University of Alabama mit einem Jahresgehalt von 11,7 Mio. USD. Kein Wunder, dass er gerne bei seinem Arbeitgeber bleibt. Seit wann ist er Head Coach an der University of Alabama?

a) 2000

b) 2007

c) 1998

FOOTBALL-QUIZFRAGE 60:

Da konnte sich wohl einer nicht so richtig entscheiden. Gleich drei verschiedene Colleges besuchte dieser Superstar von 2007 bis 2015. Doch es hat sich ausgezahlt. Der Heisman-Trophy-Gewinner von 2010 begeisterte lange Zeit mit seiner Performance für die Carolina Panthers. Wer ist gemeint?

a) Tim Tebow

b) Cam Newton

c) Andy Dalton

VOR DER NFL FOOTBALL-QUIZFRAGE 61:

Heutzutage sind die Stars in der NFL Millionäre, doch, seit der Sport 1869 seinen Anfang nahm, bis zu diesem Augenblick musste viel passieren. Wer war eigentlich der erste Spieler, der für das Antreten in Turnieren bezahlt wurde?

a) William Heffelfinger - 500 USD

b) Vince Lombardi – 300 USD

c) Walter Camp – 200 USD

FOOTBALL-QUIZFRAGE 62:

Bis weit in das 20. Jahrhundert hinein waren Helme eine freiwillige Angelegenheit im American Football. Trotzdem gab es bereits Anfang des Jahrhunderts erste Helme, die vor Kopfverletzungen schützen sollten. Aus welchem Material bestanden diese?

a) Gepresste Schafswolle

b) Metall

c) Leder

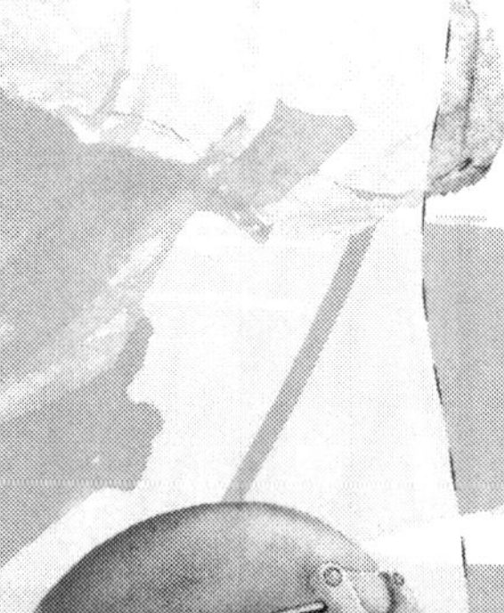

FOOTBALL-QUIZFRAGE 63:

Der 11. August ist so etwas wie ein Feiertag in Wisconsin. An diesem Tag wurden 1919 die Green Bay Packers gegründet. Sie sind eines der erfolgreichsten Teams der NFL. Doch auch vor der NFL galten sie als das beste Footballteam des Landes. Wie viele Titel konnten sie in der Pre-NFL-Zeit ergattern?

a) 13

b) 9

c) 7

FOOTBALL-QUIZFRAGE 64:

Es dauerte zwar seine Zeit, bis sich professionelle Teams bildeten, doch nach dem Ersten Weltkrieg war es dann so weit und nach einiger Zeit entstand die NFL (NFC). Als mit den 1960er–Jahren das Fernsehen mehr und mehr in die Haushalte kam, entstanden neue Teams, da diese sich durch das Fernsehen nun auch in bevölkerungsärmeren Städten und Gemeinden finanzieren konnten. Die Besitzer der NFL–Teams wollten diese neue Konkurrenz nicht zulassen und so musste sich eine neue Liga gründen, die ab sofort größter Konkurrent der NFL sein sollte, die AFL (AFC). Welche Gruppe gründete diese Liga?

a) Reiche Geschäftsleute und der TV-Sender ABC

b) Ehemalige Spieler der NFL und der TV-Sender FOX Sports

c) College Absolventen ohne NFL-Vertrag und mehrere Wettbüros

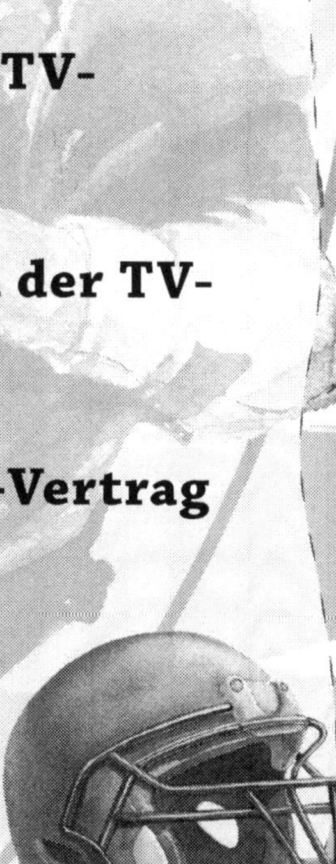

FOOTBALL-QUIZFRAGE 65:

Die ersten professionellen Teams zogen damals noch durchs Land und spielten gegen regionale Amateurteams, die meistens aus Fabrikarbeitern bestanden. Eines dieser Amateurteams erinnert noch heute durch seinen Namen an diese Herkunft. Welches ist es?

a) Pittsburgh Steelers (Pittsburgh Steel Company, Pittsburgh)

b) Indianapolis Colts (Colt‘s Manufactoring Company of Firearms, Baltimore)

c) Green Bay Packers (Indian Packing Company, Green Bay)

FOOTBALL-
QUIZFRAGE
66:

Ein echtes Durcheinander veranstalteten um 1940 Alexis Thompson und Bert Bell, die Besitzer zweier Teams, die gute Freunde waren. Um sich Wege zu sparen, tauschten sie untereinander die Teams aus, beziehungsweise ließen sie beide Teams inklusive des Equipments in die jeweils andere Stadt ziehen und tauschten lediglich die Namen ihrer Teams. Welche damaligen NFL-Teams mussten diese Umstände für ihre Besitzer auf sich nehmen?

a) Chicago Bears und Detroit Lions

b) Philadelphia Eagles und Pittsburgh Steelers

c) Miami Dolphins und Denver Broncos

FOOTBALL-QUIZFRAGE 67:

Aus einer Fusion aus Fußball und Rugby entstand die Sportart, die heute Millionen Menschen auf der ganzen Welt begeistert. Erste Abgrenzungen zum Rugby waren unter anderem die Einführung von den Downs und der Line of Scrimmage, die den Spielfluss etwas unterbrachen und aus dem Football den kurzweiligen Sport machten, der er heute ist. Doch eine Regelung machte Anfang des 20. Jahrhunderts die Abgrenzung zum Rugby perfekt. Welche war es?

a) Erlaubte Vorwärtspässe

b) Schutzkleidung

c) Runs über die Außenseite

FOOTBALL-
QUIZFRAGE
68:

Ein Spiel von 1958 sorgte für eine explosionsartige Popularität für den Sport. Das damalige NFL-Meisterschaftsspiel sollte als „Greatest Game Ever Played" in die Geschichtsbücher eingehen. Zwischen welchen Teams fand dieses Spiel statt?

a) Brooklyn Dodgers vs New York Giants

b) Baltimore Colts vs New York Giants

c) Chicago Bears vs Portsmouth Spartans

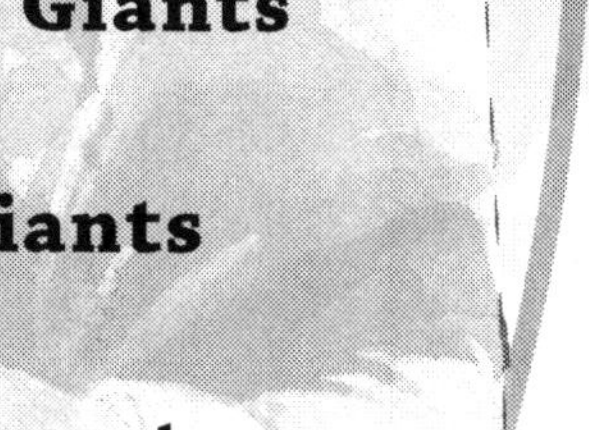

FOOTBALL-QUIZFRAGE 69:

Dieser Mann hat nicht nur den Football, sondern auch andere Sportarten entscheidend geprägt. Walter Camp gilt mit der Festlegung auf 11 Spieler und dem exklusiven Ballbesitz für drei Versuche, als einer der Gründerväter des American Football. Vielleicht hat der Collegesport bis heute so einen riesigen Stellenwert für die Amerikaner, weil Studenten und Universitätsfunktionäre wie Camp die Sportarten entwickelt und mitgestaltet haben. An welcher Universität wirkte Camp bei der Entstehung des modernen American Football maßgeblich mit?

a) Stanford

b) Princeton

c) Yale

FOOTBALL-QUIZFRAGE 70:

Das erste Footballspiel fand am 06. November 1869 zwischen den Universitäten Rutgers und Princeton statt. Damals wurde noch nach den Regeln des Gastgebers gespielt, da jede Universität eigene Regeln für den Sport festgelegt hatte. Bis sich nach vier Jahren Vertreter von Yale, Princeton und Columbia 1873 zusammentaten, um ein einheitliches Regelwerk aufzustellen. In dieser Zeit entstand die erste Footballorganisation, die bis heute besteht. Welche Organisation ist gemeint?

a) NCAA

b) CFA

c) NCFA

DER SPORT AUßERHALB VON COLLEGE UND NFL

FOOTBALL-QUIZFRAGE 71:

Etwas für die Augen bietet die Xtreme Football League (XFL), in der Frauen in Unterwäsche und knapper Footballausrüstung gegeneinander antreten. Dieser Sport erfreut sich in den USA immer größerer Beliebtheit, vor allem natürlich bei den männlichen Zuschauern. Die Idee, für diese Spiele eine eigene Liga zu gründen, entstand 2003 durch ein einziges Spiel. Wo war dieses Spiel zu sehen?

a) Als Shootingkonzept für einen Unterwäschehersteller

b) Als Alternativprogramm zur Halbzeitshow des Super Bowls

c) Als Spaßdisziplin bei einem Cheerleader Contest

FOOTBALL-QUIZFRAGE 72:

Unglücklich traf es diese Liga gleich mehrmals: 1987 gründete ein ehemaliger NFL-Funktionär die Arena Football League (AFL) zunächst mit 4 Mannschaften. Der Sport mit leicht abgeänderten Regeln schien sich langsam aber stetig zu etablieren. Bis 2008 erreichten die AFL-Spiele Zuschauerzahlen von knapp 13.000 Menschen. Was passierte nach 2008?

a) Die Liga ging zweimal in Folge insolvent

b) Wettmafiastrukturen wurden aufgedeckt

c) Mehrere Spieler starben aufgrund der eingeschränkten Spielfeldgröße

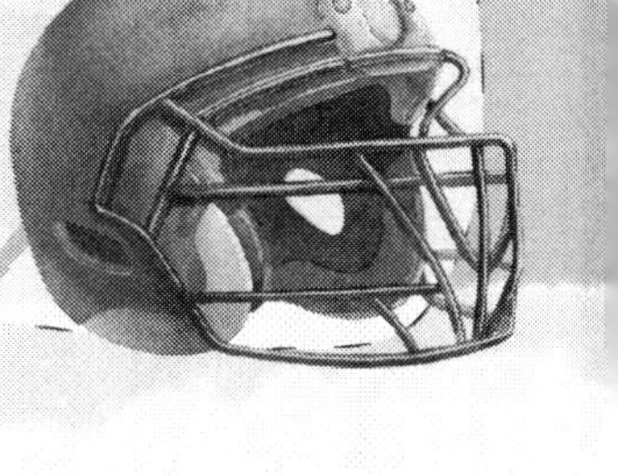

FOOTBALL-QUIZFRAGE 73:

Normalerweise werden im NFL–Draft nur Colllegespieler in die NFL gewählt. Doch das Jahr 2016 war anders. Als erster Spieler ohne Collegeerfahrung wurde ein Spieler aus einer europäischen Liga direkt in die NFL gewählt. In welcher Liga hat dieses Talent zuvor gespielt und wer war es?

a) German Football League (Moritz Böhringer – Schwäbisch Hall Unicorns)

b) Championnat Élite de Football Américan (Anthony Dablé-Wolf – Centaures de Grenoble)

c) European Football League (Kasim Edebali – Hamburg Sea Devils)

FOOTBALL-
QUIZFRAGE
74:

In der NHL und NBA sind auch kanadische Teams beteiligt, wieso also nicht auch in der NFL? Vielleicht liegt es ja daran, dass der kanadische Football seine eigenen Regeln hat und somit gezwungen war, auch seine eigene Liga zu gründen. Die Canadian Football League unterscheidet sich in einem dieser Punkte im Wesentlichen von der National Football League, welcher ist es?

a) Andere Schutzausrüstung

b) 12 anstelle von 11 Spielern auf einem größeren Spielfeld

c) Es gibt keine einzelnen Downs, sondern einen Spielfluss

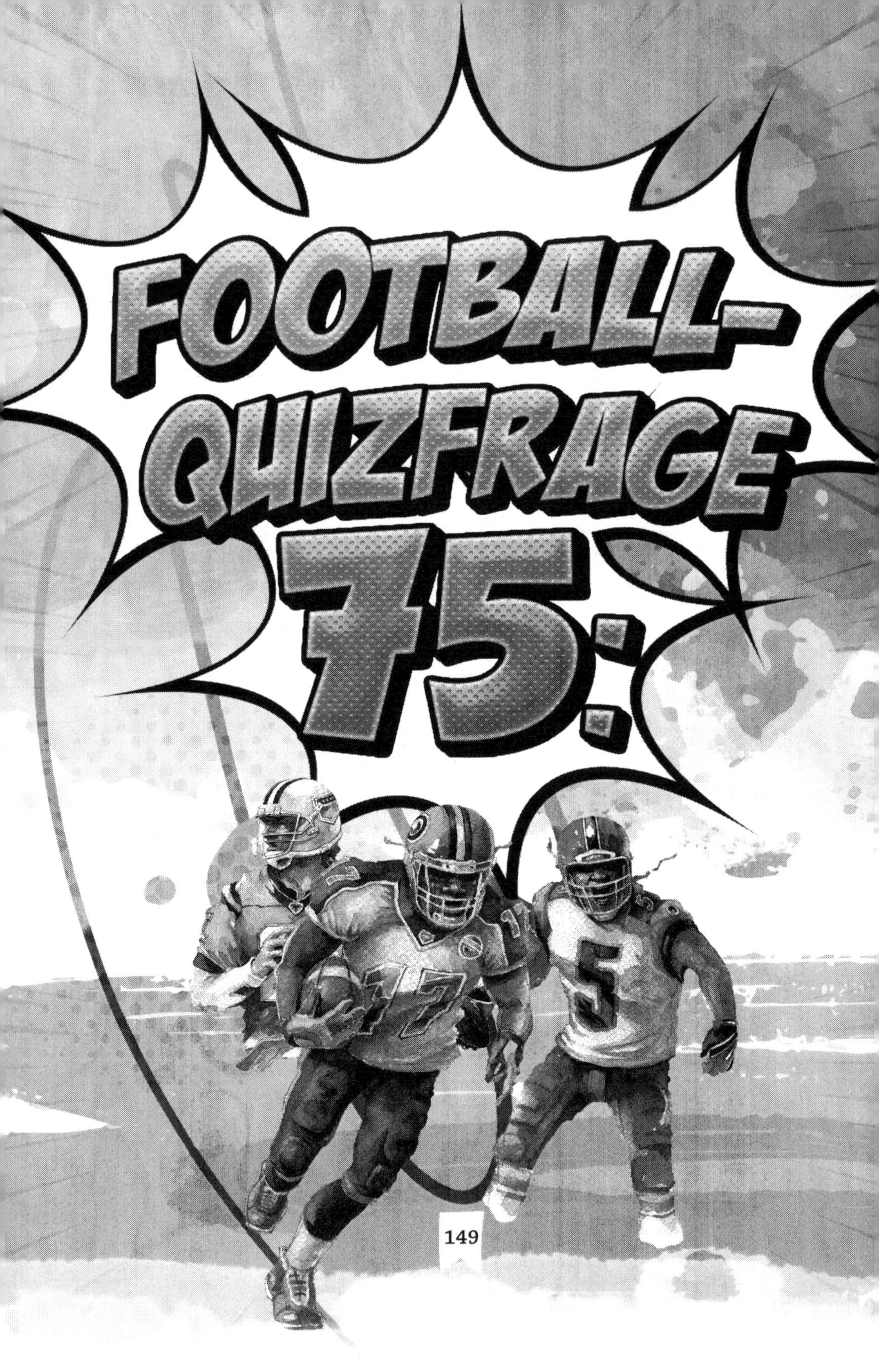
FOOTBALL-
QUIZFRAGE
75:

Als sanftere Variante des Footballs, gewinnt der Flag Football immer mehr Fans im In– und Ausland. 2017 wurde sogar der Ligabetrieb der American Flag Football League aufgenommen (AFFL). Das erste Spiel hatte prominenten Charakter. Welche beiden ehemaligen NFL–Stars eröffneten den Ligabetrieb für die etwas ungefährlichere Football–Liga?

a) **Team Lewis (Ray Lewis) vs. Team Crews (Terry Crews)**

b) **Team Cutler (Jay Cutler) vs. Team Matthews (Clay Matthews III)**

c) **Team Vick (Michael Vick) vs. Team Owens (Terrell Owens)**

FOOTBALL-
QUIZFRAGE
76:

Die NFL Europe war der erste Versuch, die Begeisterung für Football auch in Europa zu wecken. Sie umfasste 9 Mannschaften aus 4 Ländern, 5 davon alleine aus Deutschland. Leider war die NFLE ihrer Zeit voraus. Wäre die NFL Europe heute entstanden, wären die damals ohnehin schon gut gefüllten Stadien wahrscheinlich um ein Vielfaches mehr ausgelastet gewesen. Wie viele Zuschauer konnte die NFLE zur Zeit ihres Bestehens durchschnittlich auf die Tribünen locken?

a) 5.000

b) 20.000

c) 30.000

FOOTBALL-QUIZFRAGE 77:

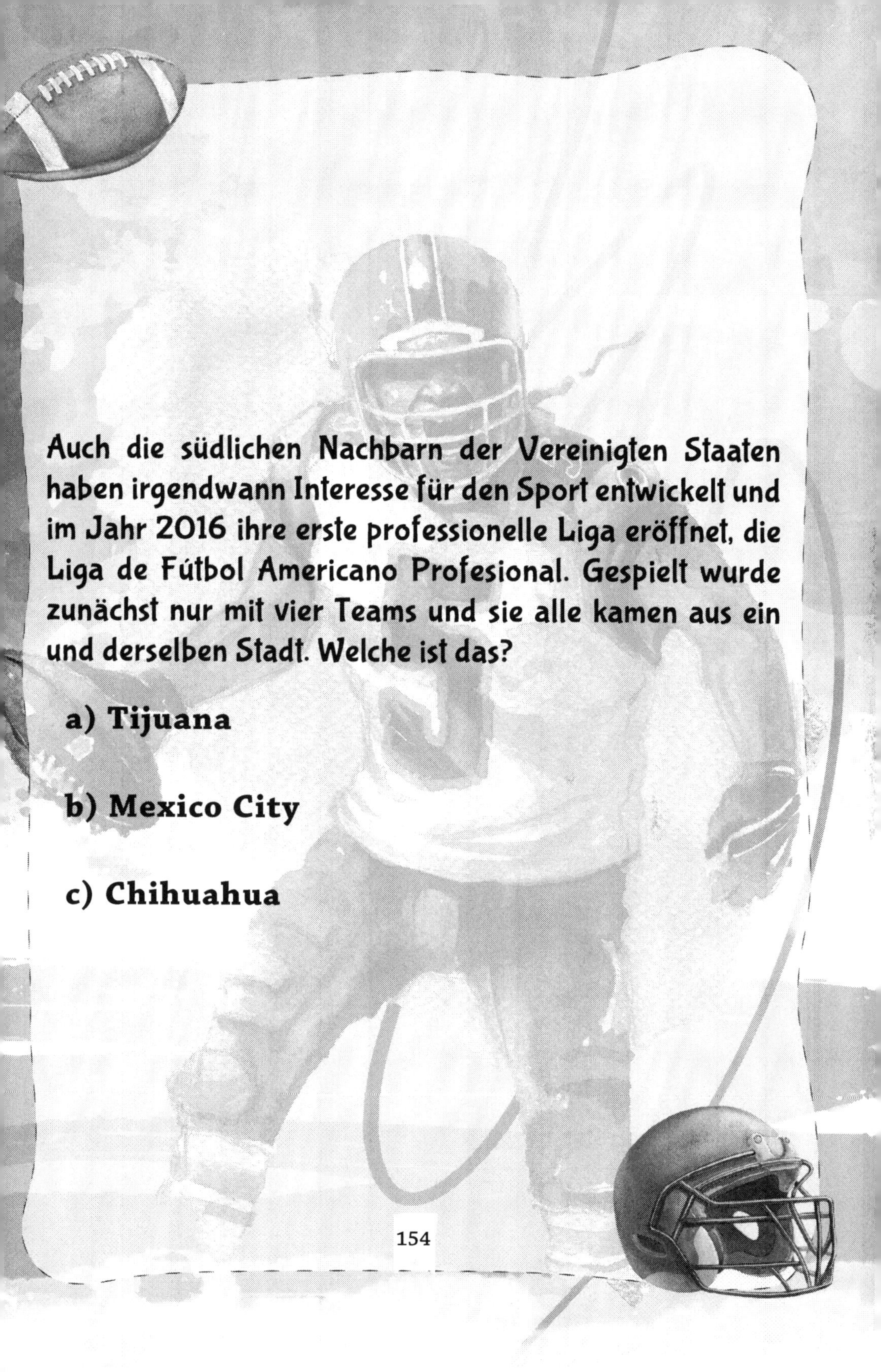

Auch die südlichen Nachbarn der Vereinigten Staaten haben irgendwann Interesse für den Sport entwickelt und im Jahr 2016 ihre erste professionelle Liga eröffnet, die Liga de Fútbol Americano Profesional. Gespielt wurde zunächst nur mit vier Teams und sie alle kamen aus ein und derselben Stadt. Welche ist das?

a) Tijuana

b) Mexico City

c) Chihuahua

FOOTBALL-QUIZFRAGE 78:

Eine andere Liga neben der NFL war die NFL ... Moment mal. Was? Das ist doch dasselbe, oder? Nein, in diesem Fall ist mit der NFL eine andere Liga gemeint, die aus Europa heraus fungierte. Wofür stehen in diesem Fall die Initialen NFL?

a) Netherland Football League

b) Norwegian Football League

c) Nordwestdeutsche Football Liga

FOOTBALL-QUIZFRAGE 79:

Selbst Indien ist auf den Zug aufgesprungen und hat sogar noch vor Mexico im Jahr 2011 eine eigene Football-Liga gegründet. Die Elite Football League of India besteht aus acht Teams, die jedoch nicht ausschließlich aus Indien kommen. Aus welchen Ländern sind noch Mannschaften in der EFLI?

a) Pakistan und Sri Lanka

b) Nepal und Bangladesch

c) Birma und Bhutan

FOOTBALL-QUIZFRAGE 80:

Eine Alternative zur NFL wollte die United States Football League (USFL) werden. Gegründet wurde sie von mehreren Geschäftsleuten, eben typisch amerikanisch. Obwohl sie nur drei Saisons existierte, brachte sie einige Stars hervor. Wie unter anderem Steve Young, der als Quarterback später mit den 49ers den Super Bowl gewinnen sollte. Einer der Gründer dürfte bekannt sein. Wer ist es?

a) Barack Obama

b) Donald Trump

c) Elon Musk

DIE FANS FOOTBALL-QUIZFRAGE 81:

Jahrzehntelang spielte der Basketballstar Kobe Bryant für ein Franchise aus Los Angeles. Da wäre es naheliegend, Fan eines der Franchises aus Kalifornien zu werden. Doch Kobe entwickelte seine Liebe für ein anderes Team. Damit steht er jedoch nicht alleine da. Auch Kevin Hart, Will Smith und Joe Biden teilen die Begeisterung für dieses Team. Welches ist es?

a) Arizona Cardinals

b) Chicago Bears

c) Philadelphia Eagles

FOOTBALL-QUIZFRAGE 82:

Bären, Wölfe, Löwen etc. Die Auswahl von imposanten und furchteinflößenden Tiernamen im Football ist sehr verbreitet. Schließlich will man seine Gegner einschüchtern. Doch ein Team hat das Ganze nicht nötig. Dort setzt man sich einfach einen Käsehut auf und lässt das Können der Mannschaft für sich sprechen. Welche NFL-Fans sind über die Grenzen der USA hinaus als Käseköpfe bekannt?

a) Green Bay Packers

b) Notre Dame Fighting Irish

c) Brooklyn Cheesehats

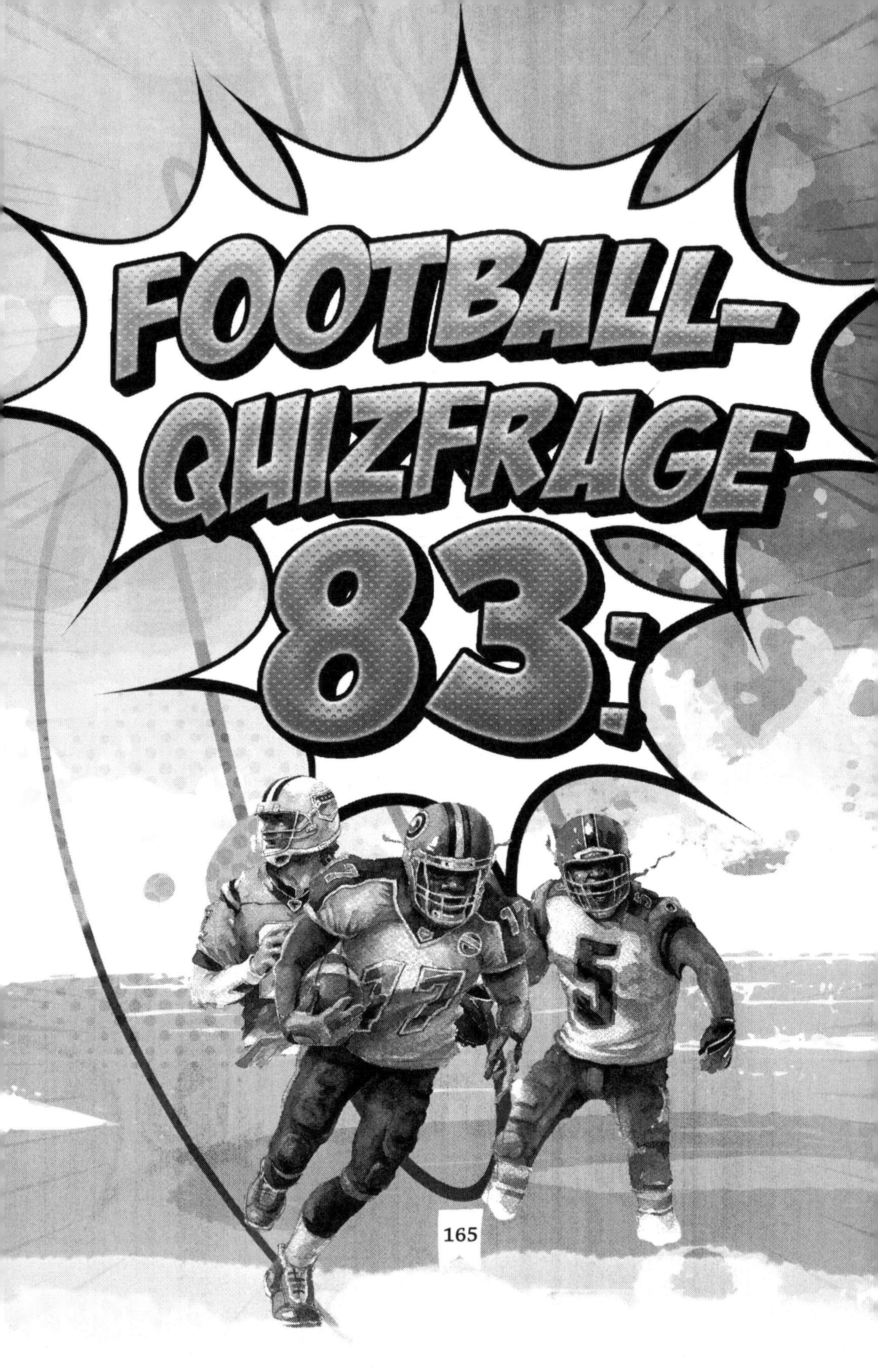
FOOTBALL-
QUIZFRAGE
83:

Die Isländer machen es vor, die Welt liebt es. Auch in der NFL schallt ein lautes, einheitliches „Huh“ durch die Stadien. Vor allem ein Team hat diesen isländischen Fangesang schon fast als Ritual in sein Programm aufgenommen. Welches Team ist gemeint?

a) Minnesota Vikings

b) Chicago Bears

c) Seattle Seahawks

FOOTBALL-QUIZFRAGE 84:

Eine Rap-Gruppe machte die Oakland Raiders zu ihrem Markenzeichen. Die Musiker um Dr. Dre, Eazy-E und Ice Cube (NWA) trugen ihre Jerseys fast durchgängig. Kein Wunder. Nicht nur ist das Team der Oakland Raiders an der East Coast beheimatet wie die Rap-Gruppe selbst, sondern sie unterstreichen auch das gefährliche Image der Rapper. Wie nennen sich die Fans dieses Franchise?

a) Raiders Group

b) Raiders Nation

c) Raider Zone

FOOTBALL-QUIZFRAGE 85:

In so einem Stadion kann es ganz schön laut werden. Vor allem bei den Seahawks, deren Fans als die lautesten der ganzen NFL bekannt sind. Die Fanbase der Seahawks, die sich selber „The 12s“ nennt, unterstützt ihr Team, wo die Fanbase nur können. Und um den Fans etwas zurückzugeben, taten die Seahawks etwas ganz Besonderes für sie. Was war es?

a) Kostenlose Parkplätze für Dauerkarteninhaber

b) Meet and Greet nach jedem Spiel für ausgewählte Fans

c) Retirement der Nummer 12

FOOTBALL-QUIZFRAGE 86:

Ganz übel erging es den Fans der Cleveland Browns. Zwischen 2008 und 2020 zählten die Browns definitiv zu den schlechtesten Mannschaften der NFL. Auch davor und danach waren die Browns nicht gerade die Überflieger. Also beschlossen die treuen Anhänger dieser Mannschaft, sich unkenntlich zu machen, um weiterhin auf der Tribüne der Browns bleiben zu können, ohne ihr Gesicht zeigen zu müssen. Doch womit verdeckten die beschämten Browns-Fans ihre Gesichter?

a) Motorradhelme

b) Papiertüten

c) Brauner Schlamm

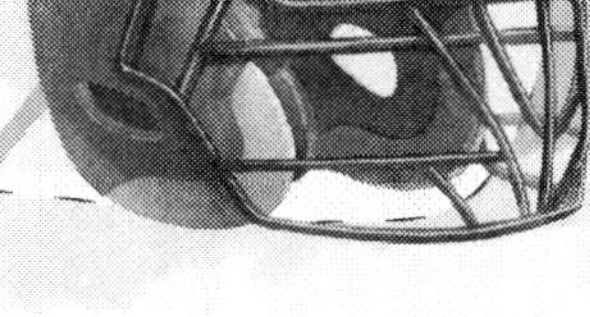

FOOTBALL-QUIZFRAGE 87:

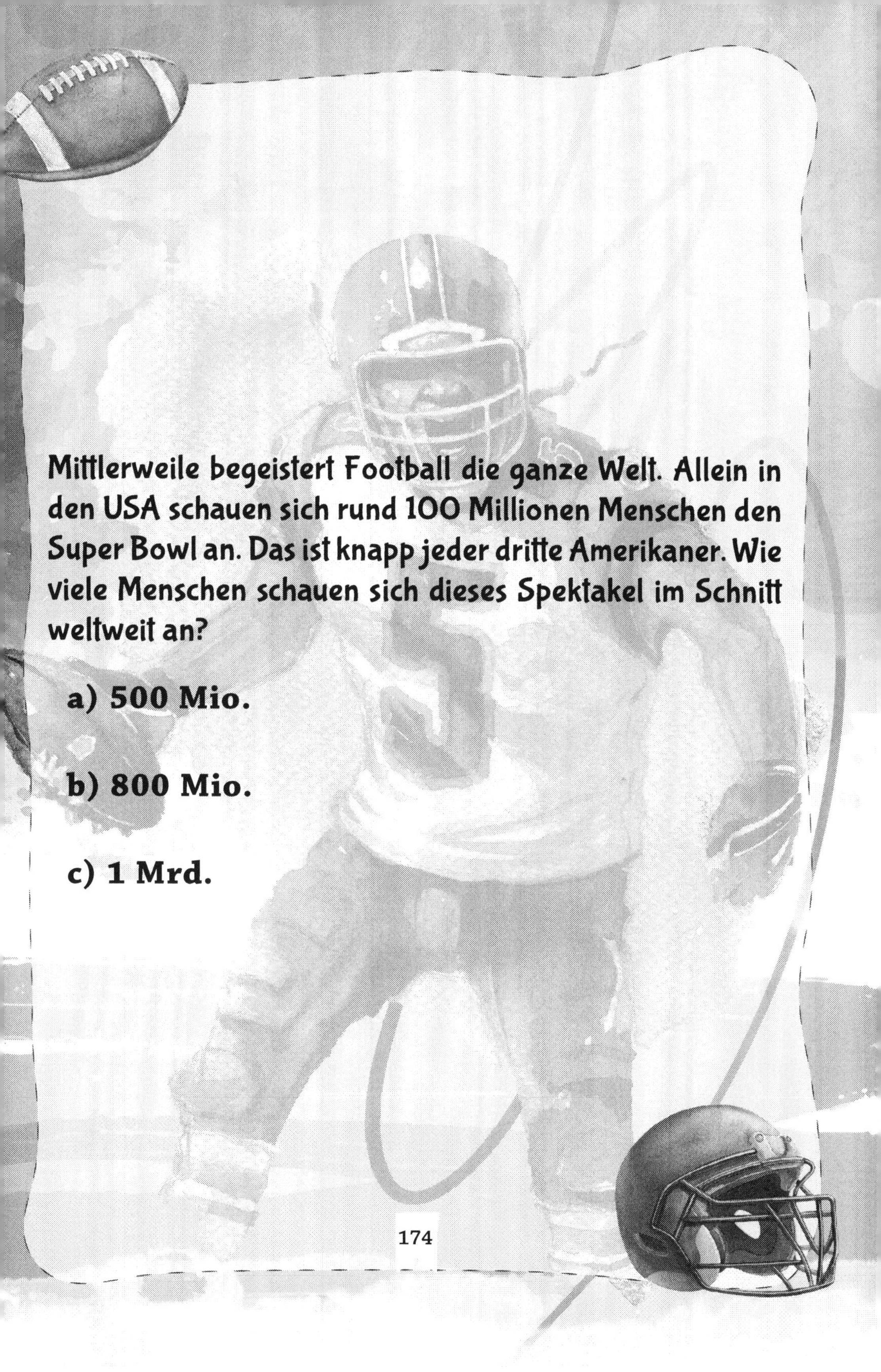

Mittlerweile begeistert Football die ganze Welt. Allein in den USA schauen sich rund 100 Millionen Menschen den Super Bowl an. Das ist knapp jeder dritte Amerikaner. Wie viele Menschen schauen sich dieses Spektakel im Schnitt weltweit an?

a) 500 Mio.

b) 800 Mio.

c) 1 Mrd.

FOOTBALL-QUIZFRAGE 88:

Eine deutsche Fußball-Legende hat es erwischt. Seit dem großen Footballhype in Deutschland, haben es ihm die Kansas City Chiefs schwer angetan. So sehr, dass er auf Twitter sogar ein Bild mit einem Trikot seiner Lieblingsmannschaft postete. Mit seinem Namen und dem passenden Helm. Ja eine ganze Ausstattung dieser Mannschaft war zu sehen, so dass man glauben könnte, er würde an diesem Tag für die Chiefs auf dem Platz stehen. Welcher ehemalige Fußballstar ist so verrückt nach dieser Mannschaft?

a) Franz Beckenbauer

b) Michael Ballack

c) Lothar Matthäus

FOOTBALL-
QUIZFRAGE
89:

Selbst der Dalai Lama bekundet mit einem Foto, ein Fan zu sein. Mit Football und Cap posierte er neben einem sympathischen Spieler der Green Bay Packers, nachdem diese 2010 den Super Bowl gewannen. Wer war es?

a) Aaron Rodgers

b) Clay Matthews III

c) Greg Jennings

FOOTBALL-QUIZFRAGE 90:

Wer hätte es gedacht? Die meisten Footballfans leben in den USA. Okay, gut – gedacht hat es wohl jeder, aber den zweiten Platz belegt ein Überraschungskandidat. Und er liegt mit 73 Mio. Fans sogar noch relativ dicht an den Amerikanern, die ganze 98 Mio. Fans zu verzeichnen haben. Welches Land ist gemeint?

a) China

b) Indien

c) Brasilien

ABERGLAUBE DER SPIELER

FOOTBALL-QUIZFRAGE 91:

Eine Szene, die einer Erklärung bedarf: Ein Coach läuft auf das Feld, reißt ein Büschel Gras heraus und steckt es sich in den Mund. Doch was wollte der ehemalige Coach an der LSU mit diesem Ritual bezwecken.

a) Es beruhigte seinen Magen, der vor jedem Spiel vor lauter Aufregung verrücktspielte

b) Bei seinem ersten Spiel als Coach war es Teil einer Wette, als er gewann, wurde es Tradition

c) Es gibt ihm das Gefühl, Teil des Spielfeldes zu sein

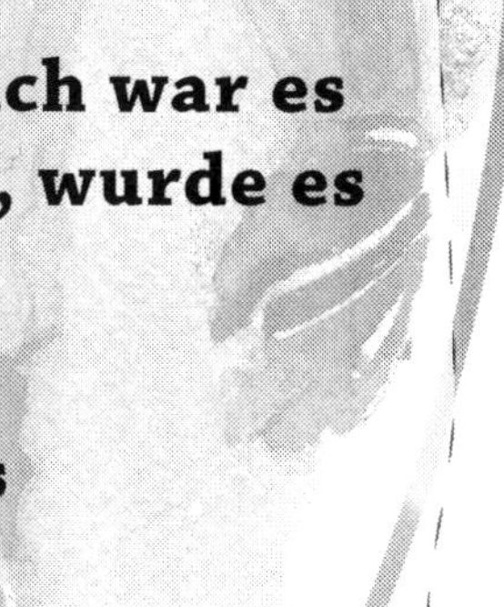

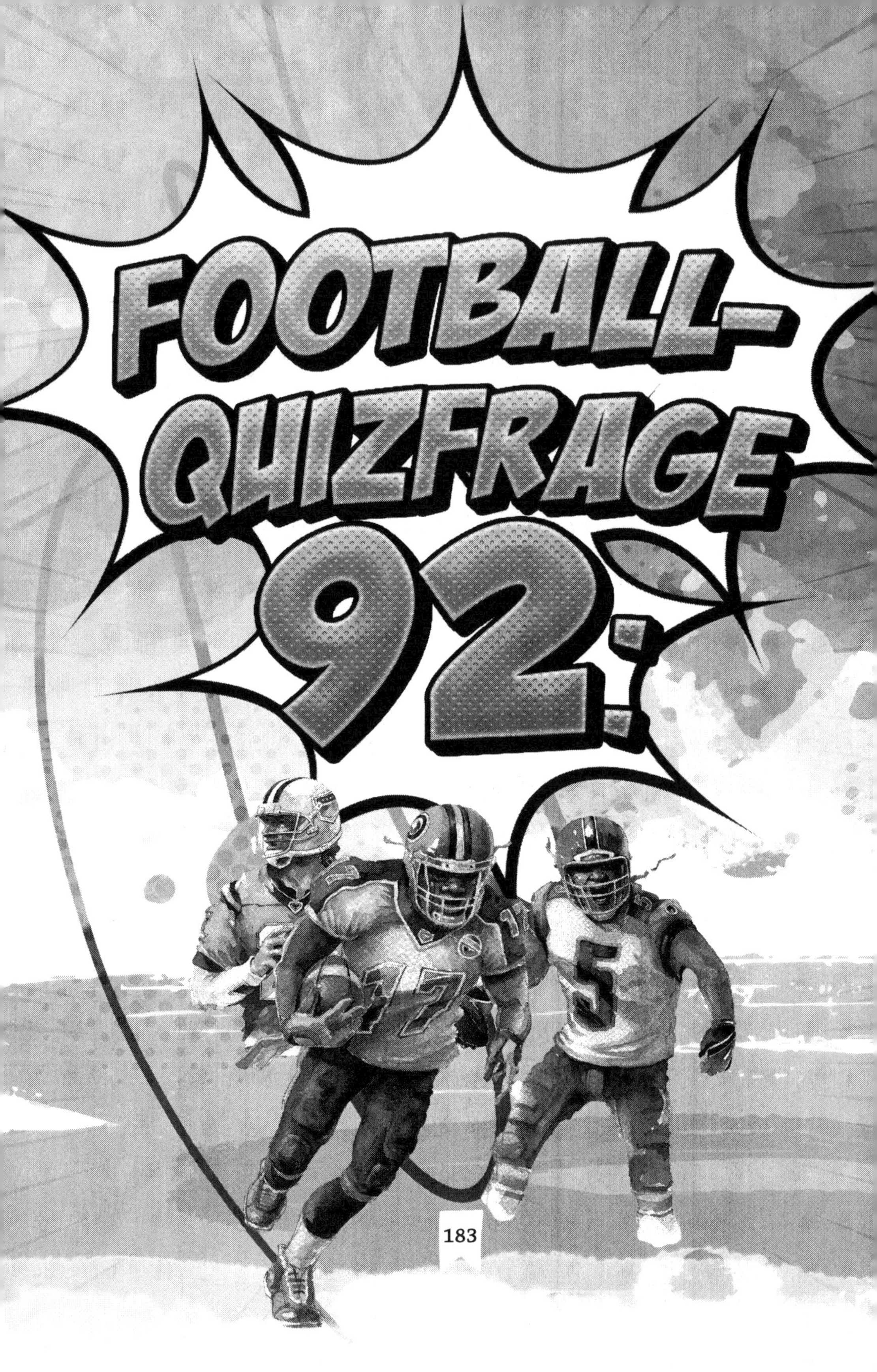
FOOTBALL-
QUIZFRAGE
92:

Kicker Jake Elliot von den Eagles hat eine ganz besondere Form der Vorbereitung. An jedem Spieltag gibt es für den Kicker etwas ganz Leckeres zu essen. Auch wenn es nicht gerade das Gesündeste ist, was ein Sportler zu sich nehmen kann, scheint sein Aberglaube ihn zu überzeugen, weiter darauf zu vertrauen. Was isst Jake Elliot an jedem Spieltag?

a) Einen Brownie und eine Tüte Chips

b) Einen ganzen Bucket Chicken Wings

c) Ein Stück Pizza und ein Stück Käsekuchen

FOOTBALL-QUIZFRAGE 93:

Auch in Fernsehserien wird das Thema Aberglaube im Sport behandelt. In einer beliebten Fernsehserie verlässt ein erfolgreicher Highschool Coach das Haus am Spieltag nur, nachdem er eine Reihe verrückter Dinge getan hat. Unter anderem schlägt er einen Football gegen jede Kante jedes Türrahmens. Doch laut eigener Aussage sei es wohl kaum Aberglaube, wenn es funktioniere. Von welcher Serie ist die Rede?

a) Blue Mountain State

b) Modern Family

c) Friday Night Lights

FOOTBALL-
QUIZFRAGE
94:

George Kittle, Tight End der San Francisco 49ers, bekommt vor jedem Spiel einen Brief seines Vaters, in dem dieser übel über die gegnerische Mannschaft herzieht. Kittle sagt selbst, er brauche das, um sich für das Spiel in Stimmung zu bringen, denn die Alternative zu diesen Briefen sähe sehr übel aus. Was bräuchte George Kittle laut eigener Aussage ohne die Briefe seines Vaters, um vor einem Spiel in Stimmung zu kommen?

a) Er müsste seinen Kopf gegen eine Wand hauen

b) Er müsste nackt in einen gefrorenen See springen

c) Er müsste sich von mehreren Teamkameraden eine Ohrfeige geben lassen

FOOTBALL-QUIZFRAGE 95:

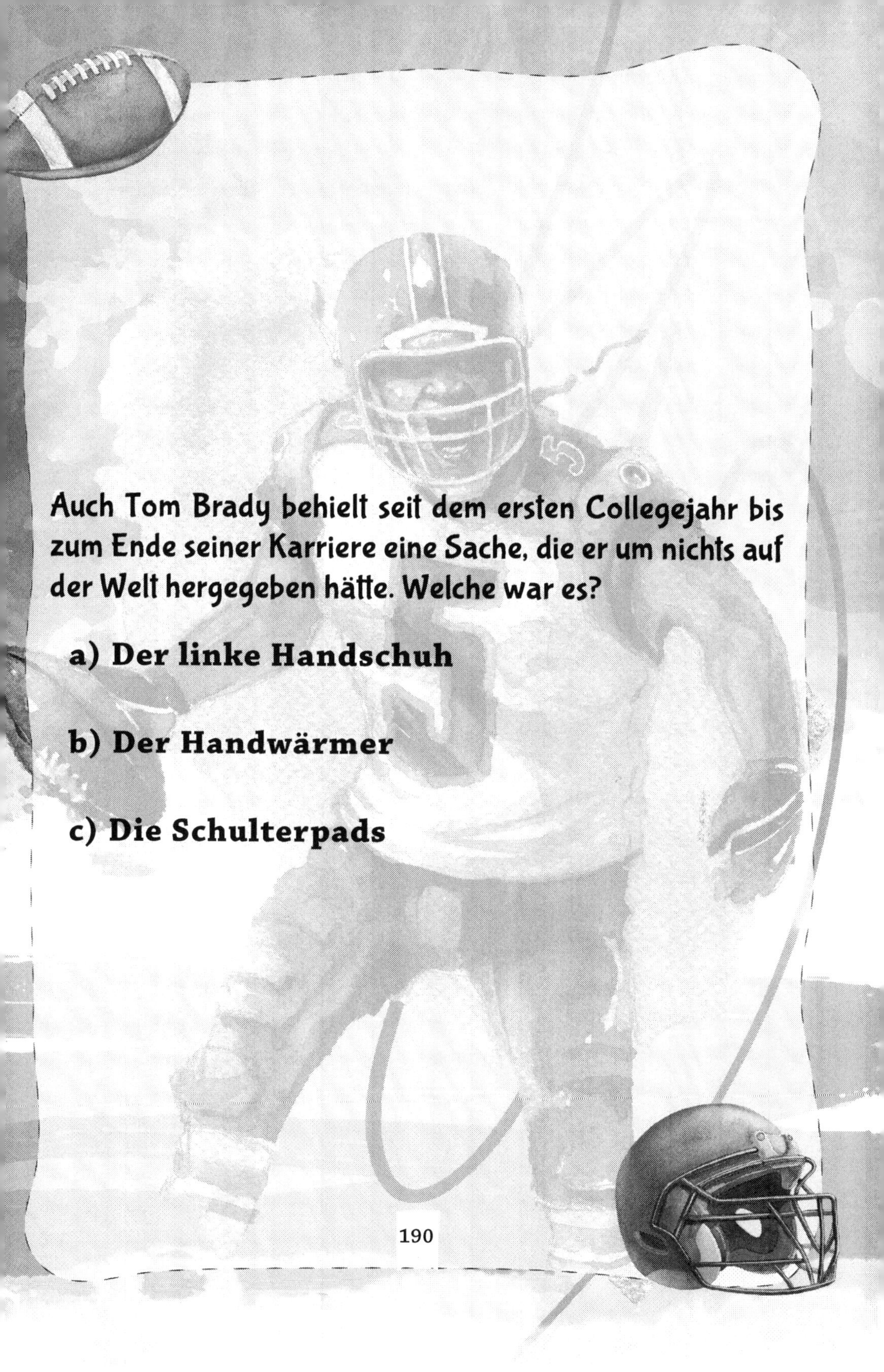

Auch Tom Brady behielt seit dem ersten Collegejahr bis zum Ende seiner Karriere eine Sache, die er um nichts auf der Welt hergegeben hätte. Welche war es?

a) Der linke Handschuh

b) Der Handwärmer

c) Die Schulterpads

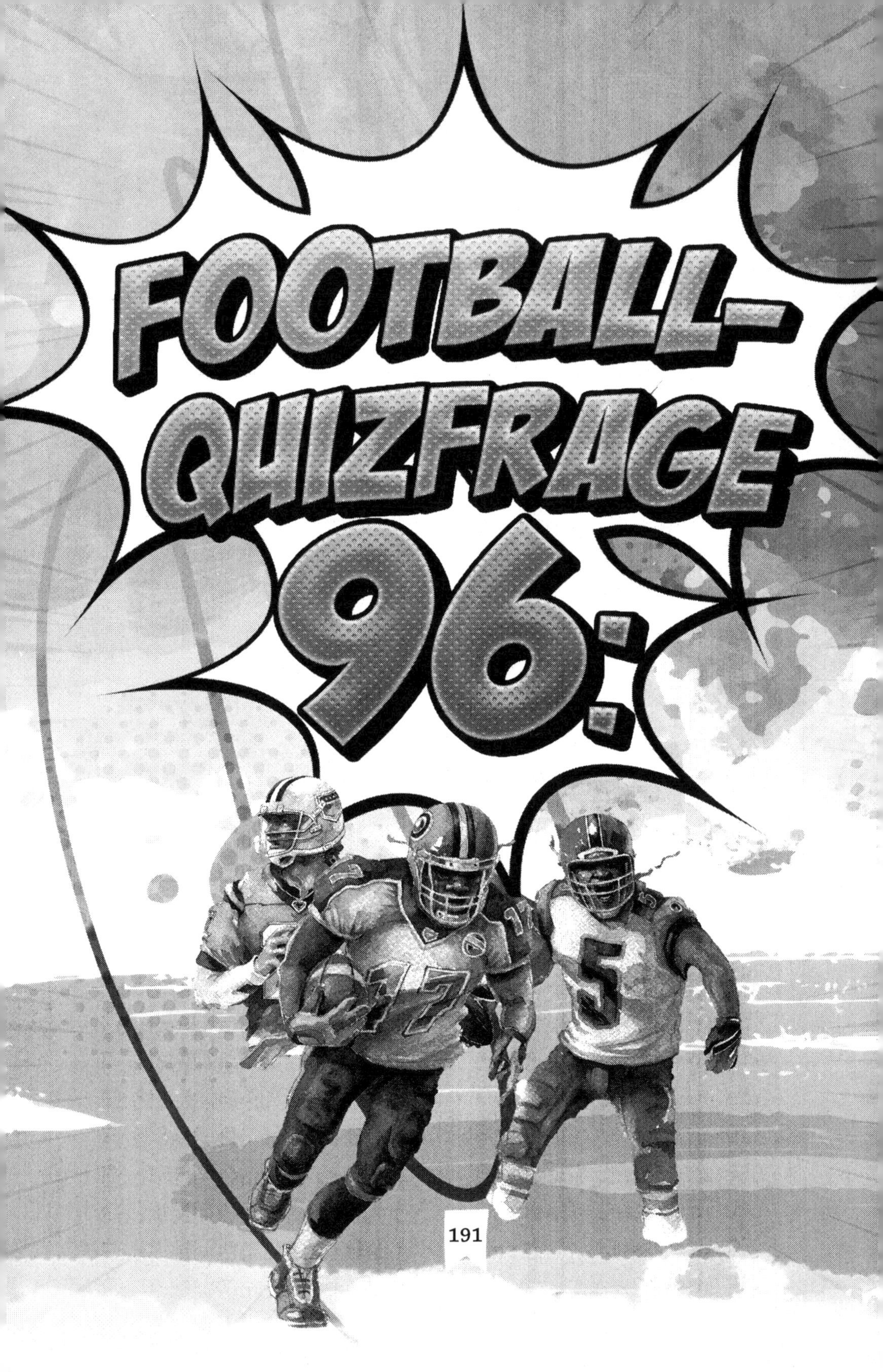
FOOTBALL-
QUIZFRAGE
96:

Dieser Star der Broncos hat nach einem einfachen Weg gesucht, seinen Kopf vor den Spielen auszuschalten. Da dachte er sich, nach Adam Riese hätte er weniger Zeit, sich Gedanken zu machen, wenn er länger schlafen würde. Der Erfolg gab ihm recht und so nutzte er jede einzelne Sekunde, die er am Spieltag hatte, um weiterzuschlafen. Von wem ist die Rede?

a) Brandon Marshall

b) Demaryius Thomas

c) Peyton Manning

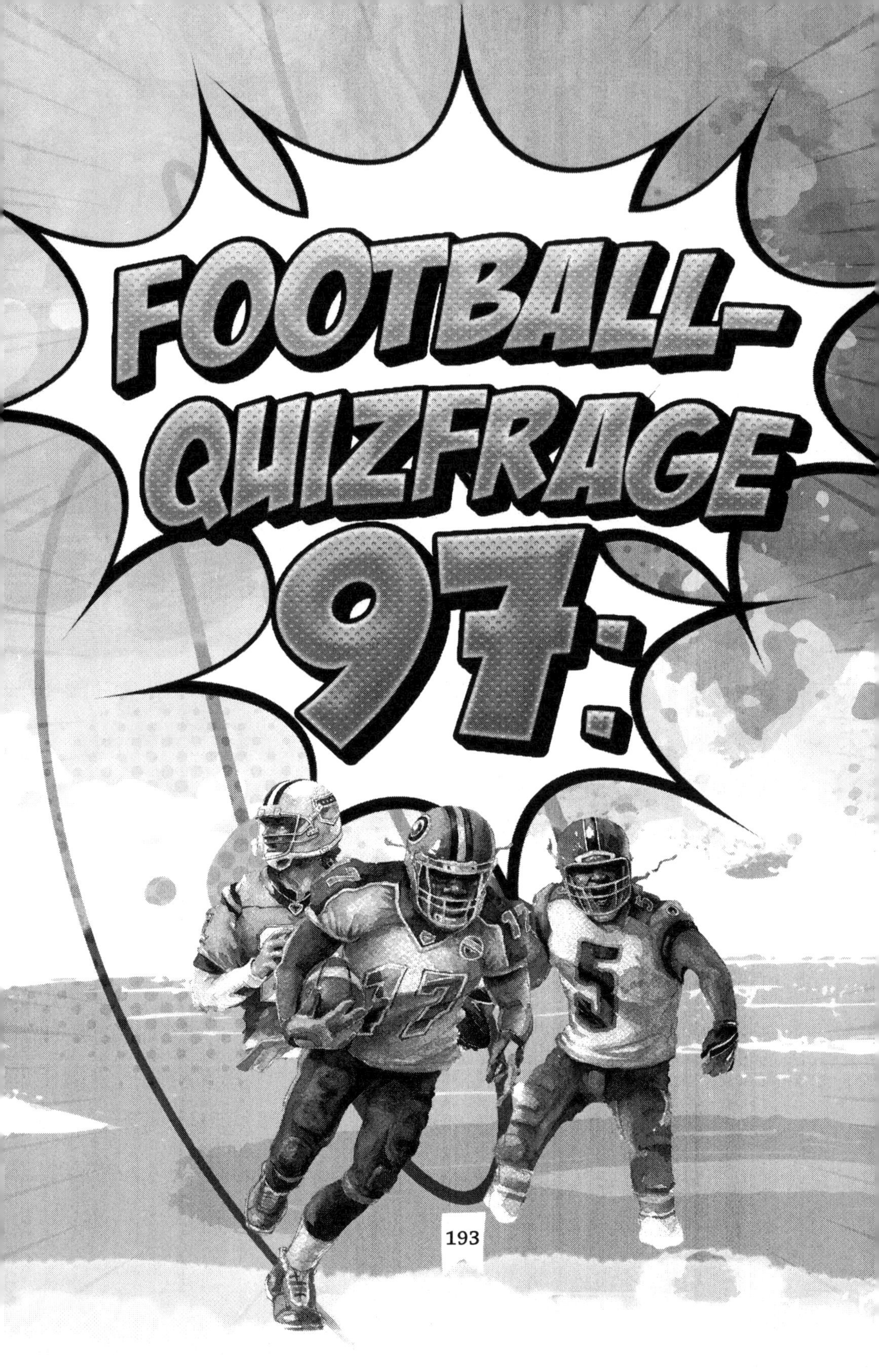
FOOTBALL-
QUIZFRAGE
97:

Chris Jones von den Kansas City Chiefs tat sich in der Saison 2018 sehr schwer. Bis in die Woche 5 konnte er keinen einzigen Sack verzeichnen. In der sechsten Woche wechselte er ein bestimmtes Kleidungsstück und schaffte prompt im nächsten Spiel einen Sack. Das behalte ich gleich an, dachte er sich und wechselte dieses Kleidungsstück nicht mehr bis zum Ende der Saison aus während der Spiele. Welches Kleidungsstück war es?

a) Handschuhe

b) Tiefschutz

c) Mundschutz

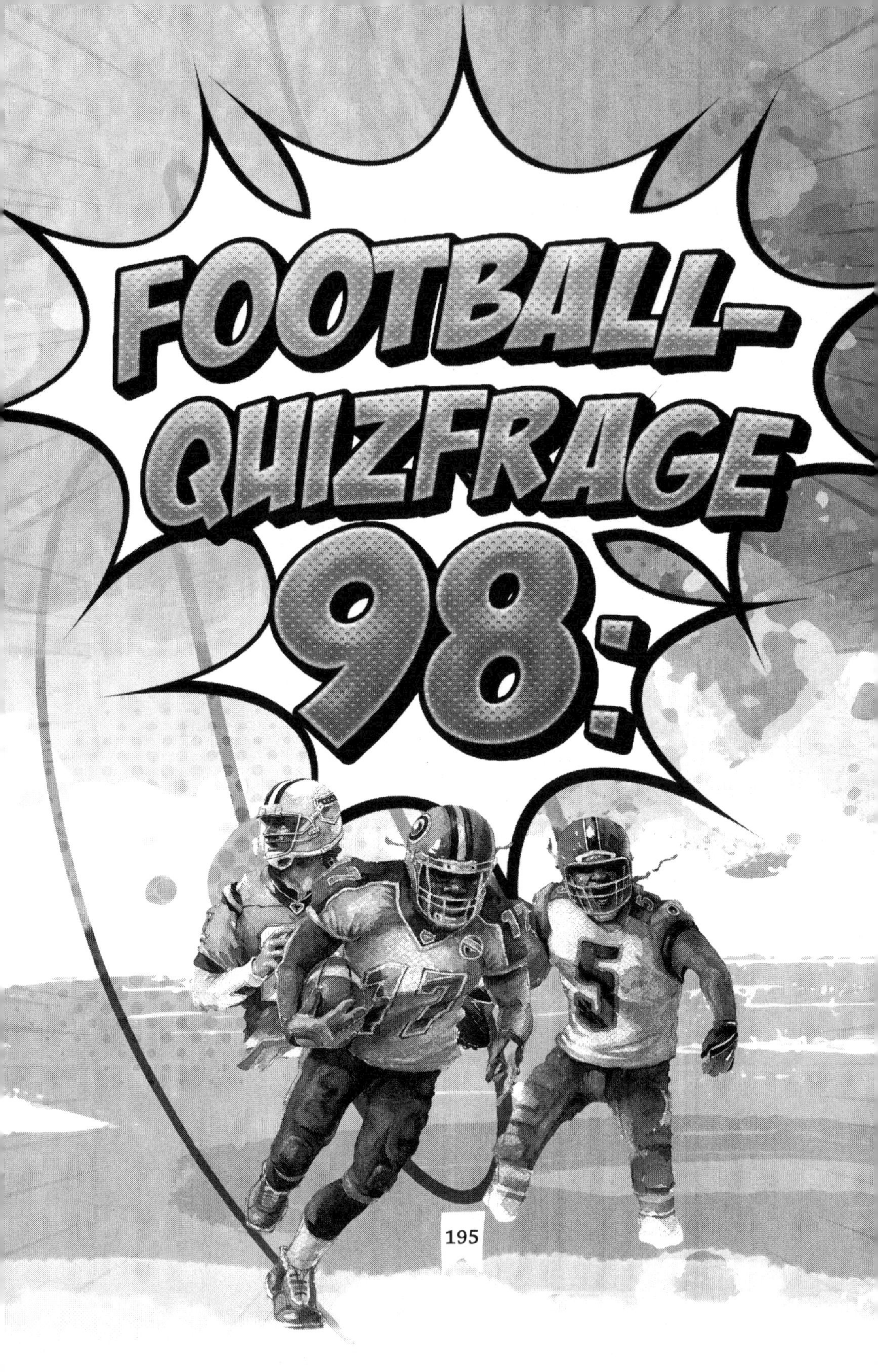
FOOTBALL-
QUIZFRAGE
98:

Auch bei der Jerseywahl im Super Bowl hat der Aberglaube mitzureden. Das als Heimmannschaft ausgewählte Team darf entscheiden, welche Farbe es trägt. Das Auswärtsteam muss sich anpassen. Schon etwas unfair, wenn man bedenkt, dass eine bestimmte Farbe den Super Bowl in den letzten 20 Jahren am häufigsten gewonnen hat. Welche ist es?

a) Schwarz

b) Rot

c) Weiß

FOOTBALL-QUIZFRAGE 99:

Curtis Martin nahm sein Ritual vor den Spielen sehr ernst. Es diente seinem Schutz. Was tat Curtis vor jedem Spiel, um sich zu schützen?

a) Er las sich Psalm 91 „Unter Gottes Schutz“ vor

b) Er bat seine Schutzengel um Anwesenheit während des Spiels

c) Er verstreute Salz um sich herum

FOOTBALL-QUIZFRAGE 100:

Brian Urlacher bittet jeden Spieltag um zwei Chocolate-Chip-Cookies. Doch diese dürfen nicht von irgendwoher kommen, sondern müssen auf eine ganz bestimmte Weise zu ihm gelangen. Auf welche?

a) Durch seinen Coach

b) Selbst gebacken von seiner Oma

c) Von McDonalds

LÖSUNGEN

Football–Quizfrage 1: c)
Football–Quizfrage 2: c)
Football–Quizfrage 3: b)
Football–Quizfrage 4: c)
Football–Quizfrage 5: c)
Football–Quizfrage 6: c)
Football–Quizfrage 7: b)
Football–Quizfrage 8: a)
Football–Quizfrage 9: c)
Football–Quizfrage 10: b)
Football–Quizfrage 11: c)
Football–Quizfrage 12: c)
Football–Quizfrage 13: b)
Football–Quizfrage 14: a)
Football–Quizfrage 15: c)
Football–Quizfrage 16: c)
Football–Quizfrage 17: b)
Football–Quizfrage 18: b)
Football–Quizfrage 19: a)
Football–Quizfrage 20: a)
Football–Quizfrage 21: c)
Football–Quizfrage 22: a)
Football–Quizfrage 23: b)
Football–Quizfrage 24: a)
Football–Quizfrage 25: a)
Football–Quizfrage 26: b)
Football–Quizfrage 27: b)
Football–Quizfrage 28: c)
Football–Quizfrage 29: a)
Football–Quizfrage 30: b)
Football–Quizfrage 31: c)
Football–Quizfrage 32: a)
Football–Quizfrage 33: c)
Football–Quizfrage 34: b)
Football–Quizfrage 35: c)
Football–Quizfrage 36: a)
Football–Quizfrage 37: c)
Football–Quizfrage 38: a)
Football–Quizfrage 39: b)
Football–Quizfrage 40: a)
Football–Quizfrage 41: b)
Football–Quizfrage 42: c)
Football–Quizfrage 43: a)
Football–Quizfrage 44: b)
Football–Quizfrage 45: a)
Football–Quizfrage 46: c)
Football–Quizfrage 47: c)
Football–Quizfrage 48: a)
Football–Quizfrage 49: a)
Football–Quizfrage 50: b)
Football–Quizfrage 51: c)
Football–Quizfrage 52: b)

Football–Quizfrage 53: c)
Football–Quizfrage 54: c)
Football–Quizfrage 55: a)
Football–Quizfrage 56: c)
Football–Quizfrage 57: b)
Football–Quizfrage 58: b)
Football–Quizfrage 59: b)
Football–Quizfrage 60: b)
Football–Quizfrage 61: a)
Football–Quizfrage 62: c)
Football–Quizfrage 63: b)
Football–Quizfrage 64: a)
Football–Quizfrage 65: c)
Football–Quizfrage 66: b)
Football–Quizfrage 67: a)
Football–Quizfrage 68: b)
Football–Quizfrage 69: c)
Football–Quizfrage 70: a)
Football–Quizfrage 71: b)
Football–Quizfrage 72: a)
Football–Quizfrage 73: a)
Football–Quizfrage 74: b)
Football–Quizfrage 75: c)
Football–Quizfrage 76: b)
Football–Quizfrage 77: b)
Football–Quizfrage 78: c)
Football–Quizfrage 79: a)
Football–Quizfrage 80: b)
Football–Quizfrage 81: c)
Football–Quizfrage 82: a)
Football–Quizfrage 83: a)
Football–Quizfrage 84: b)
Football–Quizfrage 85: c)
Football–Quizfrage 86: b)
Football–Quizfrage 87: b)
Football–Quizfrage 88: c)
Football–Quizfrage 89: a)
Football–Quizfrage 90: a)
Football–Quizfrage 91: c)
Football–Quizfrage 92: c)
Football–Quizfrage 93: b)
Football–Quizfrage 94: a)
Football–Quizfrage 95: c)
Football–Quizfrage 96: c)
Football–Quizfrage 97: a)
Football–Quizfrage 98: c)
Football–Quizfrage 99: a)
Football–Quizfrage 100: a)